Tirso de Molina

# La huerta de Juan Fernández

Barcelona **2024**
Linkgua-ediciones.com

**Créditos**

Título original: La huerta de Juan Fernández.

© 2024, Red ediciones S.L.

e-mail: info@linkgua-ediciones.com

Diseño de cubierta: Michel Mallard.

ISBN tapa dura: 978-84-1126-224-8.
ISBN rústica: 978-84-9953-224-0.
ISBN ebook: 978-84-9953-223-3.

# Sumario

**Brevísima presentación**

## La vida

Tirso de Molina (Madrid, 1583-Almazán, Soria, 1648). España.
Se dice que era hijo bastardo del duque de Osuna, pero otros lo niegan. Se sabe poco de su vida hasta su ingreso como novicio en la Orden mercedaria, en 1600, y su profesión al año siguiente en Guadalajara. Parece que había escrito comedias, al tiempo que viajaba por Galicia y Portugal. En 1614 sufrió su primer destierro de la corte por sus sátiras contra la nobleza. Dos años más tarde fue enviado a la Española (actual República Dominicana), regresó en 1618. Su vocación artística y su actitud contraria a los cenáculos culteranos no facilitó sus relaciones con las autoridades. En 1625, el Concejo de Castilla lo amonestó por escribir comedias y le prohibió volver a hacerlo bajo amenaza de excomunión. Desde entonces solo escribió tres nuevas piezas y consagró el resto de su vida a las tareas de la orden.

## Personajes

Doña Petronila.
Tomasa.
Don Fernando.
Laura.
Mansilla.
El Conde Galeazo.
Roberto.
Un criado.
Una huéspeda.
Un alguacil.
Marcos, Pablo, mozos de mulas.

## Jornada primera

Salen de camino Doña Petronila, vestida de hombre con bota y espuela, y Tomasa por otra puerta como lacayuelo, el capotillo con muchas cintas.

Tomasa             Un cuartillo de cebada
                   le basta y sobra; que, en fin,
                   es pollino y no rocín.

Doña Petronila     ¿Hacéis a Madrid jornada,
                   gentilhombre?                                    5
                                 A su servicio.

Doña Petronila     ¿De dónde?

Tomasa                               Hoy salí de Ocaña.

Doña Petronila     ¿Vais solo?

Tomasa                               No me acompaña
                   sino un jumento, novicio
                     en la albarda, porque es nuevo,
                   y anteayer se destetó.                           10

Doña Petronila     Si tres leguas caminó,
                   no me parece, mancebo,
                     que es el pienso suficiente
                   de un cuartillo.

Tomasa                               Coma paja.

Doña Petronila     Quien no come, no trabaja.                       15

Tomasa             Como pobre se sustente;
                     que no tiene de igualarse,

dando ocasión a la gula,
un asno con una mula.
La paja ha de compararse                    20
   en las bestias con el pan,
la cebada con el queso;
y ya sabéis, según eso,
que es poco el queso que dan.
     ¿Por qué pensáis vos que España        25
va, señor, tan de caida?
Porque el vestido y comida
su gente empobrece y daña.
     Dadme vos que cada cual
comiera como quien es,                       30
el marqués como marqués,
como pobre el oficial.
     Vistiérase el zapatero
como pide el cordobán,
sin romper el gorgorán                       35
quien tiene el caudal de cuero.
     No gastara la mulata
manto fino de Sevilla,
ni cubriera la virilla
el medio chapín, de plata.                   40
   Si el que pasteliza en pelo,
sale a costa del gigote,
el domingo de picote,
y el viernes de terciopelo;
   cena el zurrador besugo,                  45
y el sastre come lamprea,
y hay quien en la corte vea
como a un señor al verdugo;
     ¿qué perdición no se aguarda
de nuestra pobre Castilla?                   50
El caballo traiga silla,

y el jumento vista albarda;
   coma aquél un celemín,
y un cuartillo a esotro den;
porque el jumento no es bien                    55
que le igualen al rocín.


Doña Petronila      No os han de faltar molestias,
si no templáis ese humor,
y os pudrís reformador,
comenzando por las bestias.                      60
   ¿Quién diablos os mete a vos,
tan mozo, en esos pesares?
Los vestidos y manjares
comunes los hizo Dios.


Tomasa      Engañáisos.


Doña Petronila      ¿Qué me engaño?                      65


Tomasa      Perdonadme esta simpleza.
¿Por qué hizo naturaleza
el tabí, la seda, el paño,
   la holanda, el cambray, y estopa,
distintos al tacto y vista?                      70
Porque cada cual se vista
según su estado la ropa.
   Dentro de una misma especie
hallaréis que el universo
hizo su manjar diverso,                          75
de que cada cual se precie.
   El racimo moscatel
y albillo, que al noble pinta;
la cepa jaén y tinta
para el que rompe buriel.                        80

El noble melocotón,
que deleita al caballero,
con el durazno grosero
para los que no lo son,
    la amacena regalada,          85
que el delicado conozca,
la chabacana, más tosca,
para el pobre dedicada.
    Ofrece una misma granja,
en fe d'esta distinción,          90
para el príncipe el limón,
para el no tal la naranja.
    En el campo y el vergel
la primavera arrebola
para el pastor la amapola,          95
para la dama el clavel.
    El jazmín que al muro sobre,
y al rico aromas derrama,
al oficial la retama,
tomillo y romero al pobre.          100
    Pues ¿por qué, ¡cuerpo de tal!,
si hizo el cielo distinción
del abadejo y salmón,
no comerá el oficial
    aquel que importa a su esfera?          105
Y el pobre jornal que saca
paciendo para él la vaca,
¿ha de gastarse en ternera?
    Están los hombres perdidos.
No lo entiendo, vive Dios.          110

**Doña Petronila**    Ya se labra para vos
Hospital de los podridos.
    Dejáos d'eso, por mi vida;

que aunque con sal reprehendéis,
imposibles pretendéis.                                    115
Mientras guisan la comida
    en esa venta, y mi mesa
alegráis, a que os convido,
si lo que muestra el vestido
vuestra inclinación profesa,                             120
    decidme de quién sois paje.

Tomasa          Hélo sido de jineta
de un capitán que sujeta
la voluntad a mi ultraje.
    Alojóse en mi lugar,                                 125
(Cabañas de Yepes es)
estuvo en Ocaña un mes;
procuréle regalar
en mi casa labradora,
y el hospedaje pagó                                      130
en que d'ella nos llevó
una hermana que le adora.

Doña Petronila      Paga siempre ansí el soldado.

Tomasa          Salí ofendido tras él,
quejándome, y el crüel                                   135
dejóme a un olivo atado.
    Sé que en la corte ha de estar,
y voy a darle noticia
al rey, y a pedir justicia.

Doña Petronila      Fácil la vendréis a hallar;          140
    que la que a Madrid gobierna
no sufre burlas agora.
Buscaréis la labradora,

con plumas y galas tierna,
          y entre tanto, si queréis                                   145
servirme, estaréis conmigo.

Tomasa                  Por lo desbarbado, digo
(Señálase la barba.) que igual elección hacéis.
          Vuestro soy desde este día,
que engendra la semejanza                                             150
amor, y tengo esperanza
de que en vuestra compañía
          tengo de hallar buen despacho
del agravio que recelo.
Ya soy vuestro lacayuelo,                                             155
a lo aragonés, regacho.
          Mudad, señor, en tú el vos;
que el vos en los caballeros
es bueno para escuderos.

Doña Petronila          Donaire tienes, por Dios.                     160

Tomasa                  ¡Oh! Pues veréis maravillas,
y sabréis historias largas.

Doña Petronila          ¿Es tu nombre?

Tomasa                                  Hasta aquí, Bargas.
Pero para vos, Barguillas.
          ¿Y el vuestro?

Doña Petronila                          Don Gómez.

Tomasa                                              ¡Bravo!          165
          ¿La patria?

| Doña Petronila | Jaén. |

| Tomasa | Mejor.
Seréis hombre de valor. |

| Doña Petronila | Téngole, mas no me alabo. |

| Tomasa | ¿Y a qué a la corte venís? |

| Doña Petronila | A casarme. |

| Tomasa | No lo apruebo. | 170 |

| Doña Petronila | ¿Por qué? |

| Tomasa | Porque, apenas güevo
de la cáscara salís,
    y ya aspiráis para gallo.
Nazcan las plumas primero;
probad a Madrid soltero,
quizá después de proballo
    mudaréis de parecer. |

| Doña Petronila | Llámame un suegro hacendado,
con un ángel que pintado,
aunque le nombran mujer,
    en belleza es superior. |

| Tomasa | Renegad de quien tal pinta;
diz que hay ángeles en cinta
en ese lugar, señor.
    Como está Madrid sin cerca
a todo gusto da entrada;
nombre hay de Puerta Cerrada,
mas pásala quien se acerca. |

Line numbers: 170, 175, 180, 185

|  | Doncella y corte son cosas |  |
|  | que implican contradicción. | 190 |

| Doña Petronila | ¿Malicioso? |  |

| Tomasa | Y con razón. |  |
|  | Las ciruelas más sabrosas, |  |
|  | mientras con su flor se están, |  |
|  | en el árbol se aseguran; |  |
|  | pero al momento maduran | 195 |
|  | que a la banasta las dan. |  |
|  | Una doncella en su casa, |  |
|  | ciruela en el árbol es, |  |
|  | que a veces, de treinta y tres, |  |
|  | es con flor, ciruela pasa. | 200 |
|  | Pero en Madrid no hay ninguna |  |
|  | que sea lo que parece, |  |
|  | porque, en naciendo, se mece |  |
|  | en un coche en vez de cuna, |  |
|  | con que a madurarse basta, | 205 |
|  | cochizando de día y noche; |  |
|  | que, en fin, doncellas en coche |  |
|  | son ciruelas en banasta. |  |

| Doña Petronila | Y vos un grande bellaco. |  |
|  | Mucho os tengo de querer, | 210 |
|  | vamos agora a comer. |  |

| Tomasa | Si yo de Madrid os saco, |  |
|  | madrigado entendimiento |  |
|  | me prometo. |  |

| Doña Petronila | Dad cebada |  |
|  | sin tasa en esta jornada, | 215 |

Bargas, al pobre jumento;
    que en llegando a Valdemoro,
le venderéis, y allí habrá
mula en que vais.

Tomasa                              Comprará
quien le ferie un asno de oro                          220
    como el que Apuleyo pinta.

Doña Petronila     ¿Cómo?

Tomasa                      Sabe caminar,
siendo jumento, y callar,
que es gracia de otros distinta.
    Que el jumento no merece                            225
nombre de tal, si se halla
d'este humor, pues mientras calla
el necio, no lo parece;
    y hay otros mil que procuran
cobrar nombre de discretos,                             230
que contra ajenos defectos
rebuznan cuando murmuran.
    ¡Qué d'ellos ocupan sillas,
dignos de albardas!

Doña Petronila                      Comamos.

Tomasa             Lampiño don Gómez, vamos.           235

Doña Petronila     Sígame, señor Barguillas.

(Vanse.)

(Salen Don Hernando, de jardinero y Laura, condesa de dama.)

Don Hernando          Permitid, Laura mía
                      que mis sabrosos males,
                      d'estas flores haciendo tribunales,
                      sitial y trono d'esta fuente fría,                      240
                      formen de vos querellas,
                      y os digan mis agravios,
                      vos la acusada, los testigos ellas;
                      serviránle de labios,
                      estos claveles bellos,                                  245
                      quejándose de vos por todos ellos.
                      Tres meses los sayales
                      en esta huerta, de Madrid recreo
                      me ofrecen bienes y me ferian males.
                      Jardinero de amor por vos me veo                        250
                      vestido de esperanzas,
                      que en tristes dilaciones
                      se engolfan, por recelos de mudanzas,
                      de quimeras de amor, de suspensiones;                   255
                      y apenas descubierto
                      de lejos miro el puerto,
                      cuando vientos contrarios se resuelven
                      a perseguirme, y a engolfarme vuelven;
                      porque el amor que mi lealtad conoce,
                      la playa llegue a ver, y no la goce.                    260
                      Heredé de mi patria las desdichas
                      que significa el nombre
                      que le dio el fundador suyo primero;
                      Málaga la llamó, porque me asombre,
                      pues comenzando en mal, no tendrá dichas                265
                      quien es de las desgracias heredero.
                      Di muerte a un caballero
                      por celos de una dama;
                      temí a los ofendidos;

partíme a Italia por cohechar olvidos;                    270
amparóme el de Feria, cuya fama,
digna de eternizarse entre pinceles,
vuela, con plumas no, mas con laureles.
Servíle capitán de infantería,
y Marte, fuego que el de amor enfría,                    275
favorable conmigo
hizo a Milán testigo
de que aunque solo, ausente y desdeñado,
salí, si amante no, feliz soldado.
Acabóse la guerra,                    280
publicóse la paz en el Piamonte;
llamábame mi tierra,
fue forzoso, mudando su horizonte,
pretender en Madrid premios debidos
al riesgo de dos años.                    285
Saqué papeles bien favorecidos
del duque; mas pagaron desengaños
hazañas; que a los fieles
se les vuelven mortajas los papeles.
Nombróme camarada                    290
Pompeyo, vuestro tío, en la jornada
a que le dio motivo vuestro pleito;
díjome que, aunque deudo, os competía
(en contar mis desdichas me deleito),
porque al condado justa acción tenía,                    295
que en Valencia del Po, por sucesora
de vuestro padre, vuestro nombre adora.
Llegamos a esta corte,
de quien sois el Apolo, el alba, el norte;                    300
supimos que esta quinta,
que eternos mayos en sus cuadros pinta,
huéspeda os adulaba.
Visitóos vuestro tío,

que entre la sangre que el valor alaba
(puesto que sea el pleito desafío),     305
pelean los letrados y oficiales,
hacen campos de guerra tribunales,
ejércitos testigos
y litigan los nobles como amigos.
Merecí, Laura hermosa,     310
veros para perderme,
que mata el áspid cuando en flores duerme.
Vi en vuestro rostro de clavel y rosa
dorados girasoles;
jazmines en su cuello trasladados;     315
en vos vi muchos soles,
puesto que en vuestros ojos duplicados
vi, en fin, la nieve en fuego,
costándome el miraros quedar ciego.
Partióse brevemente     320
el conde; que vencido
en el pleito presente,
y victoriosa vos habéis podido
con la justicia vuestra,
y más con la hermosura,     325
dar en la corte muestra
que competir con vos será locura;
pues para dar enojos,
mil fallamos pronuncian vuestros ojos.     330
Quedéme tan sin vida,
que para recobralla,
la libertad perdida
la busca, mas no la halla,
puesto que, jardinero,
entre esperanzas flores, desespero.     335
Aquí mudando el traje,
cultivaba desvelos,

grosero en el lenguaje;
que en fe de que son rústicos los celos,
celoso yo, aunque en vano,                        340
por vestirme de celos, soy villano.
Declaréos una tarde
al borde d'esta fuente,
que mis pesares en sus risas llora,
mi amor, haciendo alarde                          345
de humilde pretendiente,
y fueme la fortuna protectora,
pues oyéndome grata,
me hiciste poco a poco
de puro feliz, loco,                              350
con favores que agora me dilata,
perseguido de agravios y temores,
que ocasionan sin fin competidores;
pero es común tributo
sembrar flores amor, sin coger fruto.             355
Tres meses de esperanzas
sirviéndoos entretengo;
recelo las mudanzas
del mar y la mujer, y agora vengo,
o a que os mostréis clemente,                     360
y aseguréis partidas
que me baraja tanto pretendiente,
o a que desesperadas y homicidas
mis ansias y la fe de mis amores,
en flores muera, pues nació entre flores.         365


Laura          ¡Ay don Hernando Cortés!
¡Qué bien sigues el estilo
de la corte presurosa,
porque te dio su apellido!
A dar fondo a los quilates                         370

de tu amor la fe que al mío,
horas llamaras los años,
si llamas las horas siglos.
¿Dilaciones encareces?
Caro vendes, o amas tibio,                    375
porque enfermo está el amor
que desmaya a los principios.
Los propósitos jugamos,
y son tan firmes los míos
en materia de quererte,                        380
que por causa tuya olvido
parientes obligaciones,
que en derecho más antiguo
fundan tálamos deseos,
que, si los oigo, no admito.                   385
Sobre palabra se juega;
el crédito tengo rico;
ganancioso te levantas,
cuando cédulas te libro;
que no son ditas quebradas,                    390
pues paga a plazo cumplido
el que es noble, cuando pierde,
por palabra o por escrito.
Si cultivando esperanzas,
vives labrador fingido,                        395
yo también porque te quiero,
patria dejo y quintas vivo.
¿Qué celos tus flores yelan?
¿Qué mudanzas, qué desvíos
el fruto te desazonan,                         400
que ya tan cercano has visto?
Tus esperanzas dilata
un amor con artificio,
que intenta probar finezas

de un diamante, al cabo vidrio.                    405
En Madrid me tienen pleitos
de parientes, que enemigos
usurpándome mi estado,
dieron causa a mi camino.
Conde de Valencia fue                              410
mi padre, que a falta de hijos,
cifró en mi la sucesión
de su sangre y apellido.
Criábame yo en Milán
a la sombra y patrocinio                           415
del conde de Monteflor,
que es quien te trujo consigo.
Estaba en mi patria entonces
por alcaide del presidio
que en aquella plaza tienen                         420
las banderas de Filipo,
Alejandro Malatesta,
que hermano del padre mío
por la línea de varón,
alega desvanecido                                  425
pertenecerle el condado
que me usurpa; y a los filos
de las armas remitiendo
los derechos de los libros,
de todo se apoderó,                                430
amparándole el castillo
en la posesión violenta
que rehusan sus vecinos.
Viéndome desamparada,
ausente, y favorecido                              435
del duque gobernador
mi contrario, aunque mi tío,
fue forzoso el esconderme

en España del asilo
de su rey y consejeros,                                    440
donde descansan peligros.
Hospedáronme ha seis meses
cortesanos deudos míos,
con licencia de su dueño,
en este apacible sitio,                                    445
digna elección de un buen gusto,
donde recreada olvido
los que en Italia curiosos
retratan el paraíso.
Pretensores conterráneos,                                  450
que en Madrid después me han visto,
unos, generosos deudos,
otros, ilustres amigos,
intentan lícitos lazos,
que pudieran haber sido                                    455
prisión de mi libertad,
de no haberte conocido.
Obligásteme discreto,
vencísteme comedido,
amásteme recatado,                                         460
adeudásteme atrevido,
hasta usurpar mis deseos,
si bien hoy, Hernando, admiro
que méritos desquilates,
presuroso y mal sufrido.                                   465
Sentencia espero en favor,
que alentada de padrinos,
y segura en mi derecho,
con los jueces solicito.
Mi opositor receloso,                                      470
por los que le dan aviso
de la poca acción que tiene,

algunas veces me ha escrito
sobre conciertos, que paran
en que dé la mano a un hijo,                    475
que afirma llegará presto
a esta corte; mas yo digo,
puesto que no le conozco,
que si pleitos dan maridos,
de tan mal casamentero                          480
poca paz me pronostico.
Salga yo con la sentencia,
y entonces, español mío,
tendré caudal que te pague
empeños de amor tan fino;                        485
y entre tanto vive cierto
que ni vuelve atrás el río,
ni retroceden los cielos,
ni al viento es veleta el risco,
ni en mí que los aventajo,                        490
y a la eternidad dedico
trofeos de mi firmeza,
mientras su constancia imito,
bronces, aceros, diamantes,
sol, esferas, tiempos, ríos,                     495
robles, cedros, lauros, palmas,
muros, torres, peñas, riscos,
mientras mi amor te fío,
tendrán valor constante igual al mío.

Don Hernando      Si deseos dilatados            500
hallan en ti tal alivio,
dulce empleo de mis ojos,
poco tiempo he padecido.
Más valen las esperanzas
que en ti logro, los suspiros                     505

que en ti alegro, las sospechas
que en ti aseguradas miro,
que las posesiones de otros.
Liberal premias servicios,
piadosa remedias penas,                                    510
pródiga haces beneficios;
injustas mis quejas fueron,
perdón humilde te pido.
Jacob soy, mi Raquel eres;
su amor y paciencia imito.                                 515
No trocaré desde hoy más
estos jardines elísios,
estos dichosos burieles,
estas fuentes y este sitio,
por la silla del imperio,                                  520
por los tesoros del indio,
por los brocados del persa,
por las púrpuras del tirio.
Jardinero soy de amor;
mis esperanzas cultivo;                                    525
mientras que méritos siembro,
galardones pronostico.
Ven, y haréte un ramillete
de matices, que distintos,
te interpreten mis afetos                                  530
que flores tal vez son libros.
¿Me perdonas?

Laura                              Amorosa.

Don Hernando        ¿Me quieres?

Laura                              Como al más digno.

Don Hernando     ¿Me pagas?

Laura                          Castos deseos.

Don Hernando     ¿Me llamas?

Laura                          Amante mío.                535

(Vanse.)

(Sale de hombre Doña Petronila en jubón, con una daga tras Tomasa.)

Doña Petronila     ¡Vive Dios, que he de matarte!
                  ¿Hay igual atrevimiento?
                  Dormido yo en mi aposento,
                  ¿osas a tal hora entrarte?
                      Ladrón eres. Tú intentabas          540
                  robarme...

Tomasa                          Lo que no hallé.
                  Téngase vuesa mercé,
                  meta allá la daga.

Doña Petronila                          Acabas
                  de descalzarme las botas,
                  y mandándote cerrar                      545
                  las puertas, porque a acostar
                  te vayas, ¿nos alborotas,
                      asaltándome dormido?
                  Traidor, ¿qué es de la maleta?

Tomasa            No es eso lo que me inquieta.            550
                  Téngase. ¿Nunca ha leído
                      del conde Partinuplés

cuando estaba de amor preso...?

Doña Petronila    ¿Pues qué tiene que ver eso?

Tomasa            Oiga, y sabrálo después.                          535
                      Enamorábale a escuras
                  una princesa o infanta,
                  de aquellas que el arte encanta
                  y buscan las aventuras.
                      Dábale invisiblemente                          560
                  de comer y de cenar.
                  De noche se iba a acostar
                  con él (¡mire qué insolente!),
                      avisándole del daño
                  y peligro que corría,                              565
                  si conocerla quería
                  hasta que pasase el año.
                      El pobre conde que a tiento,
                  entrando amor por los ojos,
                  gozaba oscuros despojos,                           570
                  quiso, contra el mandamiento
                      de no verás, informarse
                  si era la dicha persona
                  arrugada sesentona,
                  que intentaba con taparse                          575
                      pasar plaza de doncella.
                  Que se durmiese aguardó,
                  y una linterna buscó
                  encendida, para vella;
                      y cuando ya satisfecho                         580
                  estaba de su cautela
                  el conde, lloró la vela,
                  y pringóla medio pecho,
                      cayendo dos o tres gotas

que a la dama despertaron;                    585
que es lo mismo que causaron
en mí esta noche tus botas.
    Deseos de conocer
lo que eras, y agora he visto,
para servirte más listo,                      590
me animaron a emprender
    la que ves, nocturna hazaña.

Doña Petronila     Pues ¿qué has visto tú, traidor,
en mí?

Tomasa                  A Venus y al Amor,
que en un cuerpo nos engaña.                   595
    Sosiégate, ansí los cielos
lo que buscas te deparen;
que no ignoro yo que paren
estos disfraces los celos.
    Mandásteme descalzarte;                    600
la diestra bota tiré,
y en viendo el meñique pie
con la media, dije aparte:
    «¡Oh pie, digno de un chapín,
que por lo corto das cinco,                    605
mejor fuera para brinco
de un letrado camarín!
    ¡Válgame el cielo! ¿que esté
en tan chico pedestal
todo un cuerpo? No hará mal                     610
de aqueste pie un puntapié.
    Comprárale yo a ser Fúcar,
celebrárale poeta.»
Quité escarpín y calceta,
y vi un juguete de azúcar,                      615

una manteca soriana,
un bollo de manjar blanco,
y dije: «¡Oh! ¡Quien fuera banco
de tal pie cada mañana!»
      Tan igual, tan ampollado,                          620
tan tierno, con tanto aliño,
tan melindroso, tan niño,
y en fin, tan desjuanetado,
      que imprimiendo su retrato
en el alma mi afición,                                   625
se calzó mi corazón,
como si fuera zapato.
      «¡Vive Dios! (dije entre mí),
pie adarme, que os han criado
más para alfombra y estrado,                             630
que para que andéis ansí.
      Sospechas hembras, dudar
en esto será mentir;
mejor sois para parir,
mi pie, que para engendrar.»                             635
      Vuelvo la vista al jubón,
y vi un par de burujones
en forma de naterones,
jubilados del cartón.
      Miro el cabello al instante,                       640
y advierto que contra el uso,
el artificio le puso
atrás, naciendo adelante.
      Y dije, aunque soy bisoño:
«Femenina caballera,                                     645
moños tapan la mollera;
pero en cogotes no hay moño.»
      De vuestro traje y de vos,
o sueño, o he colegido,

vos mujer y hombre el vestido,                    650
que seréis común de dos.
     No quisiste desnudarte
en mi presencia; la puerta
me hiciste cerrar (más cierta
ocasión de maliciarte);                           655
     que me llevase la llave,
y la vela me advertiste;
salí entre confuso y triste,
y mi inquietud, que no sabe
     sino allanar trampantojos,                   660
aguardándote adormida,
entró, una vela encendida,
y, inquisidores los ojos,
     vi lo que el Partinuplés
en la infanta perdigada.                          665
La cera, de enamorada,
 se derritió; y ya tú ves
     si llorando sobre ti,
te había de despertar.
Voces empezaste a dar;                            670
soplé la luz y salí
     al patio, donde procuras
castigarme por curioso.
Yo pequé de malicioso;
pero si no te aseguras,                           675
     porque conozco lo que eres,
estálo de mi lealtad;
que si va a decir verdad,
para ser las dos mujeres
     (repara en lo despoblado)                    680
(La barba.)   falta tan poco (te doy
mi fe), que si no lo soy
lo más d'ello tengo andado;

porque de suerte negocia
lo tiple en mí (verdad digo),					685
que estoy, con estar contigo,
en Madrid y en Capadocia.

Doña Petronila		En Madrid no lo estarás,
bárbaro, descomedido.
Ya que loco y atrevido						690
fuiste hoy, aquí morirás.
	Sal de la corte al momento.

Tomasa		¿No es mejor si has de fiarte
de alguno...?

Doña Petronila				¡Oh, villano! Parte.

Tomasa		¿En qué, si vendí el jumento?			695
	Verás, si de mí te encargas.

Doña Petronila		¿Que la muerte no te doy?

Tomasa		Pues a fe que si me voy,
que se ha de acordar de Bargas.
	¡Mas que ha de soñar mi nombre!		700

Doña Petronila		¡Oh, infame!

Tomasa				Daré noticia,
pues que me echa, a la justicia,
que hay mujer vestida de hombre
	en esta posada. Adiós.

Doña Petronila		Espera. ¡Ay cielos!

| Tomasa | No quiero. | 705 |

**Doña Petronila**  Mataréte.

Tomasa
             Pues ya espero.
No me haga mal; que los dos
   acompañados podremos
hacer nuestro hecho más bien.
Yo soy capón muy de bien.       710
Al capitán buscaremos,
   que a mi hermana me llevó,
y si su historia me cuenta,
y algún hombre la hizo afrenta,
fíese de mí, que yo       715
   la sacaré a paz y a salvo.
¡Ea! ¿Quiéreme perdonar?

**Doña Petronila**  No sé.

Tomasa
           Me atrevo a engañar
a un corcovado y a un calvo.

**Doña Petronila**
   ¿Qué he de hacer? ¿Me guardarás   720
lealtad y secreto?

Tomasa
            Dalle.
¿Eso me ha de decir? Calle.
Chitón eterno; no hay más.
   Haga cuenta que en la hucha
echa lo que me dijere;     725
mientras que no me rompiere,
ni esto saldrá.

**Doña Petronila**
         Pues escucha.

Aquella ciudad que el Betis
pasea, sirve y conquista,
incansable enamorado,                                    730
porque en su espejo la mira,
y en fe de que es dama al uso
con ella prodigaliza
los tesoros que le pechan
paladiones de las Indias,                                735
es, Bargas, mi ilustre patria,
y en ella bien conocida
la nobleza generosa
que dio nombre a mi familia.
A los pechos de mi madre                                 740
me dejaron las desdichas
de una juventud traviesa,
que heredé, por ser su hija,
ausentándole una muerte,
si ocasionada atrevida,                                  745
a aquel orbe todo de oro,
hoy español, antes inca.
Crióme el cuerdo recato
de una madre medio rica,
que lloraba, aunque casada,                              750
soledades como viuda,
cuidadosa centinela
en mis acciones y vista,
principalmente saliendo
de los límites de niña.                                  755
Veinte años contaba alegre
mi edad, aunque recogida,
licenciosa por la patria
(si es bien que culpe su clima),
cuando llegó a casa huésped                              760
un deudo que llamó prima

a mi madre, y la obligó
a regalos y caricias.
De Málaga le trujeron
ocasiones que en Sevilla                    765
le detuvieron un mes,
para mí, Vargas, un día.
En todo él no permitió
la prudencia prevenida
de mi madre que me viese,                    770
por no ocasionar malicias;
pues si bien ella a su mesa,
las cenas y las comidas
se hallaba, encerrada yo,
ocasiones desmentía.                         775
La privación es deseo;
el deseo solicita
la voluntad, y ésta crece
al paso que la limitan.
Contábanme mis criadas                       780
la apacible gallardía
de don Hernando Cortés
(ansí el huésped se apellida),
y como antojos mujeres
son como el fuego en la mina,                785
que violentado revienta,
aunque libre se amortigua;
curiosidades doncellas
acecharon atrevidas
privaciones que las noches                    790
usurpaban a los días,
las junturas cohecharon
de una puerta ojos espías,
por donde dieron al alma
pesadumbres en albricias                      795

del deleite de su objeto,
porque en él vieron en cifra
cuantas gracias en Adonis
fabulosas plumas pintan.
Venus yo, si antes Diana,                    800
resplandores maldecía
de la aurora, porque al sol
envidiosa daba prisa.
Desvelando pensamientos
las noches, por celosías                     805
que en la puerta coadjutoras,
ventanas sostituían,
contemplé diversas veces
venenosa bizarría,
Tisbe ya, por agujeros                       810
mirando ya y no siendo vista;
hasta que una a su criado
escuché que le decía,
mientras que le desnudaba,
estas razones: «Mansilla,                    815
pues se casa doña Inés,
y el oro de don García
rinde un alma interesable,
que se llamaba antes mía,
no más Málaga, no más                        820
ciudad, si patria, enemiga,
donde en ferias de mudanzas,
cobra el interés partidas.
Málaga que en mal comienza,
los que lloro pronostica;                    825
dorados gustos vencieron
amor, si ya él es alquimia.
Cásese Inés con doblones,
que suelen doblar desdichas,

y obligaciones desprecie                     830
más seguras por sencillas.
Memorias anega el mar,
la ausencia agravios olvida,
la guerra divierte celos,
Italia hazañas alista,                        835
el rey despierta leones
que a las voces de la envidia
la ingratitud piamontesa
para daño suyo incita.
Partirme quiero mañana;                       840
plumas que amor afemina,
adornen galas de Marte
y fieles a su rey sirvan.»
Alentábale el criado,
y yo que amorosa oía                          845
con gusto el que no le amasen
con pesares su partida;
si le juzgaba primero
por Adonis, ya la envidia
por sol me le retrataba.                      850
¡Qué extrañamente apadrinan
los celos, Vargas, las partes
de la prenda que querida,
cuando se contempla ajena,
al deseo añade estima!                        855
Fuime a dormir, pero en vano,
pues lloré recién nacidas
esperanzas, que a la muerte
se secaban a sí mismas.
Determinéme en efecto,                        860
manifestar escondidas
brasas, de quien la vergüenza
y el temor fueron ceniza.

La siguiente oscuridad
aguardaba que propicia                                865
limitase luz a Febo,
y a mi amor diese osadía,
cuando le traen un papel
a mi madre, donde escrita
la sentencia de mi muerte                             870
vi, a don Fernando en su firma.
Disculpábase, ya ausente,
de que ocasiones precisas,
en su honor interesadas,
le ausentaban de Sevilla,                             875
sin permitirle siquiera
pagar a la cortesía
deudas de hospicio y regalo;
para mí disculpas tibias.
Que a la guerra del Piamonte                          880
le llevaban bien nacidas
esperanzas, y lealtades
que hazañosas se autorizan;
que le encomendase a Dios,
porque, si le daba dicha,                             885
pensaba pagarla yerno
mercedes que le hizo prima.
Yo triste, ausente y celosa,
poco amé pues quedé viva,
ya mártir de sus tormentos,                           890
puesto que en ellos novicia.
Un año de soledades
y mil de melancolías,
cuanto menos publicadas,
más crüeles escondidas                                895
pasé, si bien alentando
esperanzas en reliquias

conservadas en dos pliegos
de Génova y Lombardía,
que a mi madre encaminó,                    900
hasta que tuvo noticia
por otro, que ya en la corte
la cruz roja daba estima
a su pecho y sus hazañas;
y que si, cual pretendía,                    905
fuese el hábito encomienda,
a obligaciones antiguas
grato y noble, procuraba
con su licencia lucirla,
añadiendo afinidades                          910
a las deudas consanguíneas.
Esperanzas revivieron
en mí, y en ella alegrías,
de saber que caudaloso
estaba mi padre en Lima,                      915
reduciendo hacienda a barras,
con que casándome rica,
la cruz nueva autorizase
el monarca de las minas.
Mézclanse lanas diversas                      920
en el telar de la vida,
unas de color alegre
otras que tristes, lastiman.
Siempre el contento es pechero
del pesar; oye y admira                       925
d'esta verdad ejemplares,
Vargas, en la historia mía.
En prosperidad como ésta,
llegó aquel infausto día
en que las olas del Betis,                    930
desde el diluvio homicidas,

cansadas del largo cerco
que ha tantos siglos sitia
nuestra metrópoli hispana
asestando baterías,                                    935
ya de las pródigas nubes,
ya del mar en aguas vivas,
ya de renteros arroyos
que pechan siempre a sus ninfas,
cañoneando de noche                                    940
las celestes culebrinas,
que rayos en vez de balas,
partos abortos fulminan,
al son de atambores truenos,
puertas y muros derriban,                              945
calles y plazas pasean,
casas y templos registran;
y dando a saco riquezas,
huye la plebe dormida,
clausuras vírgines quiebran,                           950
montes de casas conquistan.
Brazos de mar son las calles,
al Bermejo parecidas,
pues para ahogar faraones
de endurecida malicia,                                 955
no ya vara de piedad,
la vara sí de justicia
levanta Moisés airado,
que en mansiones las divida.
Al mar restituye el Betis                              960
los bienes y hacienda misma
que en veces por tantos años
nos feriaba de las Indias;
y ya enemigo, si amante,
severos reyes imita,                                   965

que lo que dan poco a poco
por junto al privado quitan.
No quiero contar tragedias
con vislumbres de infinitas,
cuando ni plumas se atreven,                    970
ni moldes a referirlas.
Las de mi casa no más
será fuerza que te diga,
como ocasión lastimosa
de mis presentes fatigas.                        975
En la mitad del silencio,
el cuarto donde dormía
mi inocente y cara madre,
le arroja el diluvio encima.
Sepultada antes que muerta,                      980
el llanto, alboroto y grita
de domésticos y extraños
con clamores solenizan
las obsequias funerales
de tanta plebe y familia,                        985
dejando historias al tiempo,
Troya de agua ya Sevilla.
Yo turbada, si ignorante,
y si dudosa, advertida
del daño que todos temen,                        990
bien triste, aunque mal vestida,
a la más alta azotea
subo; y aguardando arriba
al sol, que salió enlutado
por los destrozos que admira,                    995
me pasaron, por más fuerte,
a la casa que vecina
comunicaba terrados,
de donde vi que enemigas

las nubes, la tierra, el agua,                    1000
en un instante me privan
de madre, casa y hacienda,
y ¡ojalá que de la vida!
No encarezco sentimientos,
que es justo que los colijas,                     1005
de quien a deudas de sangre
libraba obediencias de hija.
Pasóse la tempestad
al cabo de largos días;
halléme huérfana y pobre,                         1010
y si los males alivian
ajenos, yo te prometo
que hallara en otras desdichas
consuelos con que olvidar
las que propias me lastiman;                      1015
porque los que el día antes
con los Cresos competían,
el siguiente mendigaban
puerta a puerta su comida.
Yo, en fin, amante aunque pobre                   1020
(que el firme amor no peligra,
como el falso, en las desgracias,
antes gigante se anima),
en busca de don Fernando,
del modo que ves vestida,                         .1025
vengo a probar lo que valen
palabras que ya son ditas.
Sé que asiste aquí, no dónde;
mas ya por ti conocida,
de tu lealtad confiada,                           1030
quiero ver cómo averiguan
tu diligencia y mi amor
promesas que antes escritas,

me causan recelos pobre,
si me aseguraban rica.                                   1035
Este es, Vargas, mi suceso;
si de mí y d'él te lastimas,
ya suelen fidelidades
hallar el premio en sí mismas.

Tomasa          Yo te prometo, señora,                   1040
que no he llorado en mi vida
otro tanto, aunque he escuchado
sermones de disciplina;
pero, porque estés más cierta
del secreto que me fías,                                 1045
pues tu historia me contaste,
escucha también la mía.
En Yepes, emulación
de Ocaña, una y otra villa
donde muere el vino moro,                                1050
porque allá no le bautizan,
me criaron... Mas ¿qué es esto?

(De dentro.)

Doña Petronila          Huéspedes nuevos.

(Salen el Conde y Roberto su criado, Marcos y Pablo, mozos.)

Marcos                              Avisa
la patrona, Pablos, que eche
lana blanda y ropa limpia.                               1055

Pablo          Llevaremos al mesón
las mulas.

Roberto                              Si está dormida,
por ser tarde, la hostalera,
mal almuerzo se me aliña.

Marcos            No hay sueño donde hay dinero          1060
advenedizo.

Conde                          ¡Hola! Quita
esas maletas, Roberto.
¿Qué hora es?

Roberto                          Dice la risa
del alba que son las cuatro.

Conde             Fue la jornada prolija,                1065
no me espanto.

Marcos                          Madalena,
criados, Pedro, Cristina,
bajen a alumbrar al conde.

Doña Petronila     ¿Conde, Vargas? Vuesiría
sea mil veces bien llegado.                              1070

Conde             ¡Oh, hidalgo!, para que os sirva.
¿Sois de casa?

Doña Petronila                   Huésped soy.

Conde             Vuestra presencia autoriza
la opinión de la posada.

Doña Petronila     ¿No hay velas?

Madalena                          Suban arriba;                    1075
                        que velas habrá y velones.

(Dentro.)

Roberto            Alto, pues.

Marcos                          Con menos prisa.

Conde            Subo con vuestra licencia.

Doña Petronila            Démela vueseñoría
                          para que vaya...

Conde                              Eso no.                        1080

Doña Petronila            Señor...

Conde                          No, por vida mía.

Doña Petronila            Désela Dios muchos años.

(Vanse todos sino las dos y Roberto.)

                        ¡Bravo talle!

Tomasa                          Huele y brilla.
                          Hidalgo, ¿conde? ¿y de qué?

Roberto            Conde y de Italia.

Tomasa                              ¿Y camina...?                  1085

Roberto            Aquí no más.

Tomasa                                    ¿Y se llama?

Roberto                 Galeazo.

Tomasa                             ¿Y a qué, diga,
viene a Madrid?

Roberto                                      A casarse.

Tomasa                 ¡Zape!

Doña Petronila                 Alto de aquí, Varguillas.

Fin de la primera jornada

## Jornada segunda

Salen Doña Petronila y Tomasa, de hombres.

| | | |
|---|---|---|
| Doña Petronila | Por muerta, Vargas, me cuenta. | 1090 |
| | No tengo seso, no estoy | |
| | en mí. | |

Tomasa          ¿Qué has visto?

Doña Petronila                    Vi hoy
otra segunda tormenta
   mayor que la de Sevilla.

Tomasa          ¿Mayor?

Doña Petronila          Para mis desvelos,          1095
porque es tormenta de celos.

Tomasa          No se usan en esta villa.
   Todo lo que no es dinero
en la corte, no es amor.

Doña Petronila          Vargas, de tu buen humor          1100
más penas sacar espero
   que alivios. Déjame agora.

Tomasa          Pues ¿qué has visto?

Doña Petronila                    ¡Ay, cielos! Vi
lo que dudosa temí,
lo que mi desdicha llora.          1105
   Llevóme el conde consigo
a esa huerta, infierno ya,

a quien Juan Fernández da
nombre y fama. Yo te digo
    que aunque al principio su vista          1110
mis sentidos recreó,
porque en ella se cifró
Chipre, en que Venus asista,
    después que hallé entre sus flores
un áspid que disfrazado                        1115
ponzoña a mi pecho ha dado,
y aumentos a mis temores,
    volcanes son sus planteles,
incendios sus fuentes son,
tormentos su recreación,                       1120
penas su rosa y claveles.
    ¡Ay, Vargas! Quien las cultiva
es don Hernando Cortés.

Tomasa                  ¡Jesús! ¿Qué dices? No des
                        crédito a engaños.

Doña Petronila                          Ni viva            1125
                        quien para desdichas nace.
                        Conocíle jardinero;
                        que con el traje grosero
                        le manda amor que disfrace
                            el fuego de mis querellas.     1130
                        ¿Quién creerá (¡ay, fieros rigores!)
                        que llamas cultiven flores,
                        y que estén verdes con ellas?
                            Rogóme el conde que fuese
                        con él, y sin declararse,          1135
                        quiso primero informarse
                        (antes que quién es supiese)
                            de la belleza de Laura,

con quien amante pleitea,
y si el pincel de su idea                              1140
en su original restaura
    la hermosura que usurpó
lisonjas a los colores;
porque en cohechos pintores
siempre el interés mintió.                             1145
    Vióla en el dicho jardín,
que entre unos cuadros, abeja,
agravia flores que deja,
y obliga las de un jazmín
    a que fundamento den                               1150
a un ramillete que aliña,
porque un hilo juntos ciña
celos, amor y desdén.
    Estaba de jardinero
mi don Fernando Cortés                                 1155
(mío no, que de Laura es),
y aunque en disfraz tan grosero,
    le conocieron mis males;
que aunque le vi de aquel modo,
amor, espíritu todo,                                   1160
penetra hasta los sayales.
    Escogíala las flores
que su amor le aconsejaba;
las amorosas le daba
para obligarla a favores;                              1165
    las azules le escondía
por no ocasionar desvelos
y si flores tienen celos,
yo su amante ¿qué tendría?
    Con doméstica llaneza                              1170
vi que Laura le trataba,
cuando las flores le daba;

y amor, todo sutileza,
    todo industria, todo enredos,
terceras quiso obligarlas;                              1175
ella risueña a tomarlas,
y él lisonjero en los dedos.
    Que las debió de cohechar
si la adora ¿qué lo dudo?,
pues cuando amor está mudo,                             1180
por los dedos suele hablar.
    Preguntó el conde quién era
(mientras yo me atormentaba)
la dama que se humanaba,
de aquel jardín Primavera.                              1185
    «La condesa de Valencia
del Po», le respondió un paje,
«que en Milán con su linaje
pleitea sobre su herencia.»
    No se atrevió a descubrirse,                        1190
puesto que sí a enamorarse;
que amor que sabe arriesgarse,
es cobarde al resistirse.
    Juzgó en ella de los cielos
un sol que le deslumbró;                                1195
¿qué juzgara, Vargas, yo
que la miraba con celos?
    Volvímonos, él perdido
de amor, y yo rematada;
él sin alma allá usurpada,                              1200
yo allá y aquí sin sentido.
    Hame cobrado amistad
de suerte, que no permite
que de su lado me quite;
ni yo tengo voluntad                                    1205
    de perder su compañía,

porque siempre amigos son
los que de una profesión
llama el sabio sympatía.
    Amamos en un lugar,            1210
y una misma competencia
nos iguala en la experiencia
del querer y el envidiar.
    Impórtame que le asista,
pues si Laura, cual sospecho,        1215
tiene a mi amante en su pecho,
y él no la pierde de vista,
    el conde y yo, que nos vemos
parientes en los cuidados,
amantes y desdeñados,           1220
mejor nos consolaremos.

Tomasa          Pues no te aflijas ansí,
¡cuerpo de tal! ten valor
que sin competencia amor,
él mismo se apaga en sí.         1225
    Si nunca te vio tu amante,
si lo que le amas ignora,
y vienes a hallarle agora,
con desvelo semejante,
    ensayándose a quererte      1230
en ajena voluntad,
porque le halle tu lealtad
diestro, cuando llegue a verte,
    ¿qué temes? o ¿qué querías?
¿que ya en Madrid, cortesano     1235
su amor, mano sobre mano,
gastase ocioso los días?
    Déle el gusto puerta franca;
quiera bien, que eso me alegra;

ensaye en la espada negra                                    1240
tretas que logre en la blanca;
    que pues que el conde te cobra
voluntad, y aquí ha venido
a título de marido
de Laura, bástate y sobra                                     1245
    que al principio del camino
vida a tu esperanza des.
¿No somos tres? Pues los tres
seremos tres al mohino.
    Calla y animosa alienta                                   1250
el fin de tu pretensión.

Doña Petronila     El conde es éste.

Tomasa                              Chitón,
y corra esto por mi cuenta.

(Sale el Conde.)

Conde              Don Gómez, yo te he elegido
por amigo verdadero,                                          1255
y en de serlo, no quiero
que tenga el pecho escondido
    secreto para ocultarte.
Ya dije ayer la ocasión
de que en esta confusión                                      1260
siga a Amor y olvide a Marte
    que mi padre aquí me envía
para que pleitos cansados
truequen derechos letrados
en amor; que es prima mía                                     1265
    Laura, y que intente con ella,
casándome, asegurar

lo que ya dudo alcanzar,
por los que vuelven por ella.
    Mal su justicia asegura
quien en sus pleitos ignora
que mujer competidora
se ampara de su hermosura.
    Porque si en mí verlo quieres,
más efecto he visto hacer
de su cara el parecer
que mil sabios pareceres.
    Llora, encarece y intima,
halla en tribunales gracia;
la belleza es eficacia
que enamorando lastima;
    y en fin, como nacen d'ellas
los jueces templan cuidados;
que no hay tales abogados
como son lágrimas bellas.
    Laura, en la corte amparada,
por huérfana socorrida,
por hermosa pretendida,
por discreta celebrada,
    casi espera en su favor
la sentencia contra mí.
Pues ¿para qué vine aquí,
don Gómez, si su rigor
    dos veces me ha de querer
mal, por pobre y por contrario?
La soberbia es de ordinario
con riqueza en la mujer.
    Volverme quiero sin verla,
o a lo menos sin hablarla;
que en vano pretendo amarla,
si no espero poseerla.

Hacienda en Italia heredo,
cuando me quiten su estado,
si no igual a un potentado,
a lo menos con que puedo                                    1305
	vivir, sin necesitar
de parientes caudalosos;
que vengando aquí envidiosos,
duplicaré mi pesar.
	Vente, don Gómez, conmigo                              1310
a Italia, y verás en ella
la provincia que más bella
honra a Europa. Por amigo
	te tengo; si obligaciones
no te empeñan, sal de España;                              1315
confiado me acompaña
de que en todas ocasiones,
	como si fueras mi hermano,
en fe de nuestra amistad,
entrarás en la mitad                                       1320
de mi hacienda.

Doña Petronila                              Fuera en vano
	satisfacer las mercedes
que me obligan, tu deudor,
con palabras, si es mejor
el silencio. Desde hoy puedes                              1325
	hacer experiencia en mí
de obligaciones de esclavo;
pero ni tu intento alabo,
ni te has de ausentar de aquí.
	Prueba tu dicha primero,                             1330
informa de tu justicia;
que ni pasión ni malicia
en los jueces considero

d'esta corte. ¿Qué escarmientos
tu derecho han desmayado?                                    1335

Tomasa        Muera, pues pierde su estado,
              con todos sus sacramentos
                 ¡pesia a tal! vueseñoría.
              ¿Qué mal nos ha de venir
              mayor, señor, que salir                        1340
              vencidos a sangre fría?
                 Ame, informe, solicite,
              y venga lo que viniere.

Conde         Quien mal en Madrid me quiere
              que esté en él no me permite.                  1345
                 Asiste el marqués Otavio
              en esta corte, enemigo
              de mi padre, que en castigo
              años ha de cierto agravio,
                 mató al suyo, y le quitó                    1350
              los estados que tenía.
              El marqués, que pretendía
              vengarse, aunque lo intentó,
                 no pudo, desamparado
              de amigos y de caudal;                         1355
              y viéndose desigual,
              de su patria desterrado,
                 en esta corte pretende
              casar con Laura; y si sabe
              que aquí estoy, querrá que acabe               1360
              el hijo de quien le ofende,
                 y a ser su competidor
              viene agora. No me ha visto
              jamás; pero si aquí asisto,
              y publicando mi amor                           1365

a Laura, quién soy declaro,
por fuerza he de despertar
venganzas que ha de intentar
como pudiere.

Doña Petronila                    Eso es claro.

Conde                    Pues arriesgarme a perder                    1370
a donde ganar no puedo,
no es cordura. Si aquí quedo,
por fuerza tengo de ver
    sentencias que me den penas,
celos de competidores,                    1375
y desdenes vencedores
de quien oye norabuenas
    ya del pretendido estado.
Don Gómez, no hay tal remedio
como poner tierra en medio;                    1380
yo estoy ya determinado.
    Sígueme, y fía de mí
cuanto agora te he ofrecido.

Doña Petronila          Yo soy tan agradecido...
Vargas, déjanos aquí.                    1385

Tomasa          Déjote; allá dentro espero.

(Vase.)

Doña Petronila          Que os he, conde, de pagar
el darme tanto lugar
en vuestras cosas, primero
    que nuestra corte dejéis.                    1390

Conde                        ¿De qué suerte?

Doña Petronila                        Oidme agora.
Laura, aunque os vea, ¿no ignora
quién sois, puesto que aquí estéis?

Conde                        Sí, don Gómez; que en Milán
desde niña se crió,                                    1395
y yo en Valencia del Po,
cuyo derecho le dan.

Doña Petronila        Del mesmo modo ese Otavio,
por vuestro padre ofendido,
no os conoce.

Conde                              En eso he sido        1400
venturoso.

Doña Petronila                Un medio sabio,
siendo eso así, os asegura
el pleito desesperado
que amenaza vuestro estado.
Si en manos de la ventura                        1405
y mías dejáis poneros,
no hay aquí que recelar.

Conde        Ya vuelve a resucitar
mi esperanza sólo en veros;
que no sé qué inclinación                        1410
oculta me pronostica
dichas que me certifica
vuestra mucha discreción.
Desde que os vi, os quiero bien.

| Doña Petronila | Pues Laura, conde, se emplea | 1415 |

en amarme, y no desea
sino que en su favor den
   esta sentencia enfadosa,
para atropellar amantes
en su pleito negociantes,       1420
y darme mano de esposa.

Conde       ¿Qué decís?

Doña Petronila       Por orden suya
estoy en Madrid cual véis.
Como secreto guardéis,
yo haré que esto se concluya       1425
   a vuestra satisfación.

Conde       ¿Que por orden suya estáis
aquí?

Doña Petronila       ¿Pues eso dudáis?

Conde       De vuestra disposición
   y talle no es maravilla       1430
que Laura esté aficionada.

Doña Petronila       Al cabo de su jornada
hizo noche en esa villa,
   que siendo española Atenas,
al Henares nombre da.       1435
Cursaba yo en Alcalá,
más sus riberas amenas,
   que sus escuelas famosas;
ví, la noche que llegó,
un alba que se apeó,       1440

entre jazmines y rosas,
de una litera, al ocaso;
del más nombrado mesón,
mi estudiosa profesión
le salió cortés al paso.                                    1445
    Acompañéla a una sala
con otros que de mi edad
honraban mi facultad.
Iba vestido de gala;
    supe quién era, a qué iba                               1450
a la corte; regaléla,
y tomando una vihuela,
ya mi libertad cautiva,
    la entretuve hasta cenar.
Convidóme y acepté;                                         1455
que estudiantes ya se ve
que no se hacen de rogar.
    Despedíme ya bien tarde,
y ella, toda cortesía,
mientras que me agradecía                                   1460
cumplimientos, hizo alarde
    de vislumbres de afición.
Madrugué por la mañana,
no el alma de todo sana,
y, en fin, hasta Torrejón,                                  1465
    que quiso o no, fui con ella
en un caballo prestado;
dióme la litera lado,
y hallé, caminando, en ella
    agrados sobre qué hacer                                 1470
amorosos edificios;
que amor empieza en indicios
fáciles de conocer.
    Despedíme allí, y tornéme,

echando a la vuelta menos                    1475
el alma, los ojos llenos
de sentimiento. No teme
    el amor que es estudiante.
Como sin alma quedé,
cartapacios arrimé,                          1480
graduándome de amante.
    Vine a Madrid, visitéla
en la huerta donde vive;
y amor que alegre recibe
el huésped que le desvela,                   1485
    me ofreció apacible entrada.
Díjela mi calidad,
ponderé mi voluntad
a servirla dedicada.
    Mostró severo el semblante,              1490
reprehendióme rigurosa
y alterada (común cosa
en todo amor principiante)
    fuése fulminando enojos;
puesto que aunque se ofendía,                1495
lo que la lengua decía,
iban negando los ojos.
    Escribíla de Alcalá,
no me quiso responder,
volvíla otra vez a ver,                      1500
y más apacible ya,
    me permitió visitarla,
como mis atrevimientos
no explicasen pensamientos.
Prometí de no enojarla,                      1505
    y callé; que en la más casta
(como es la experiencia juez),
si ha de querer, una vez

que amor se lo diga basta.
    De Alcalá a Madrid partidas          1510
y vueltas daban alientos
a amor; que como los cientos,
todo es idas y venidas;
    pero nunca la decía
cosa que en mi amor tocase,          1515
con que aunque disimulase,
sentí yo que lo sentía;
    hasta que una vez pedí
licencia para partirme
a Jaén, por escribirme          1520
mi padre esperarme allí
    mil de renta y una dama
para esposa. Aquí fue Troya,
que amor que el secreto apoya,
con celos revienta en llama.          1525
    No pudo disimular;
llenóme de descortés,
aleve, ingrato; y después,
de media hora de llorar,
    me amenazó, si la mano          1530
a otra que Laura no fuese
dada, que me apercibiese
a que la de algún villano
    me había de quitar la vida.
Con esto y asegurarla          1535
que no más que por probarla
fingí mi falsa partida,
    quedé en su gracia de suerte
que amado y favorecido,
al punto que haya salido          1540
en favor suyo la suerte
    de la sentencia que espera,

nos hemos de desposar,
y por Italia trocar
patria y profesión primera.                    1545
Mándame andar recatado,
porque ocasiones desmienta
de quien, amándola, intenta
gozar en dote su estado.
     Llegué, como suelo, ayer                   1550
a verla, y mudé posada
por temer que en la pasada
han alcanzado a saber
     algo de lo que pretendo.
Apeásteos en ella,                              1555
y quiso mi buena estrella
que vuestros méritos viendo
y la merced que me hacéis,
amigo y no opositor,
apadriné vuestro amor.                          1560
Si celos de mí tenéis,
     perdeldos; que yo os prometo,
a fe de hidalgo, de dar
trazas que os han de ablandar
a Laura, por mi respeto.                         1565
     Y si con ella os desposo,
que sí haré (fiaos de mí),
veréis, conde, que hay aquí
español tan generoso
     como el monarca que a Apeles                1570
obligó, y más a la fama,
que afirma le dio su dama
en premio de sus pinceles.

Conde          Don Gómez, no quiera Dios
               que os haga yo tal agravio;        1575

no goce de Laura Otavio,
y lográos con ella vos.
	Vuestra gentileza es digna
de su discreta elección;
pagad su justa afición,					1580
pues la suerte os es benigna.

Doña Petronila		Conde, o los dos nos partamos
a Italia, o si sois mi amigo,
callad y haced lo que os digo.
Y pues ya comunicamos					1585
	las almas, sabed que aquí
tengo prenda a quien le debo
cierta obligación de nuevo
que imposibilita en mí
	casarme con Laura.

Conde							Elijo			1590
lo que me ha de estar tan bien.
¿Que aquí tenéis dama?

Doña Petronila					En quien
por lo menos tengo un hijo.

Conde		¡Jesús! ¿Tan niño?

Doña Petronila					Ya están
examinados de padres					1595
niños, por conocer madres
que fruto a los trece dan.
	Como la vida es tan corta,
suple la naturaleza
defectos de su flaqueza,					1600
y plazos el tiempo acorta.

                         Yo os he de casar en breve
                         con Laura.

Conde                                    Mucho intentáis.
                         No podréis.

Doña Petronila                           Porque veáis
                         mi ingenio a lo que se atreve,                    1605
                            escuchad esto que trazo.
                         A Laura hemos de ir a ver
                         agora, y ha de saber
                         que está el conde Galeazo
                            con ella y que no sois vos,                    1610
                         porque Otavio no os ofenda
                         cuando vengarse pretenda.

Conde                    Cosas proponéis, por Dios,
                            extrañas.

Doña Petronila                           Soy estudiante

Conde                    ¿Quién ha de hacer ese conde?                     1615

Doña Petronila           En la posada se esconde.

Conde                    ¿Hay don Gómez semejante?

Doña Petronila              No digáis a la condesa,
                         la vez que a hablarla lleguéis,
                         que de nuestro amor tenéis                        1620
                         noticia.

Conde                                    Advertencia es esa
                            excusada.

Doña Petronila                    Pues venid,
                           y echad a un lado recelos.

Conde                        ¡Ay, don Gómez de los cielos,
                           Dios te me trujo a Madrid!            1625

(Vanse.)

(Salen Mansilla, y Don Hernando de villano.)

Mansilla                  Fui a Málaga a lo soldado,
                           con las galas que me diste,
                           a ver tu madre que triste
                           por muerto te había llorado.
                             Pasé por Yepes y Ocaña,            1630
                           dos villas de donde el vino
                           hace perder el camino,
                           bodegas nobles de España.
                             Hice noche en una aldea,
                           donde un mesón labrador            1635
                           (que pudiera ser mejor)
                           me alojó a la chimenea
                             en un escaño del Cid.
                           Sobre cena me pregunta
                           la familia que allí junta            1640
                           estaba, si iba a Madrid.
                             Dije que sí, y que de Italia
                           soldado viejo venía
                           a la corte y pretendía
                           una conducta. La algalia           1645
                             que daba olor al vestido
                           (porque esto se le pegó
                           del ser tuyo), me abonó,

y yo en él desvanecido,
    hazañas cuento sin cuento                    1650
que escuchaban abobados;
porque yo, a fuer de soldado
no vivo mientras no miento.
    Díjeles, entre otras cosas,
que saliendo a pecorea                           1655
a la vista de una aldea
(que las de allí son famosas),
    entré en una casería,
y hallando el horno encendido,
porque no fui recebido                           1660
con amor y cortesía,
    al huésped y a su mujer
metí dentro, donde asados,
vengaron a mis soldados,
y nos dieron de comer;                           1665
    que saliendo al alboroto
los vecinos del lugar,
cuando me iba a acostar,
hallé mi escuadrón que roto
    a huir echaba, y que yo                       1670
la cabeza derribé
al primero, y ésta fue
a dar a otra, y ésta dio
    en otra, y fue de manera
la cabezada española,                            1675
que sin más golpe ella sola
derribó toda una hilera.
    Creyeron esta aventura,
y otras, que es nunca acabar,
más que cuando en el altar                        1680
las fiestas les echa el cura;
    porque chanzas de habladores,

comedias de tramoyón,
ensalmos y coplas, son
evangelios labradores.                                    1685
    Estaba una villaneja
oyendo entre los demás
tan carihermosa, que atrás
las Amarilis se deja.
    Fuéronse a acostar al cabo                            1690
los viejos, y entre la loza
fregatrizando la moza
con tal gracia (no la alabo
    cual merece) se quedó,
que si el sol verla pudiera,                              1695
para estropajo la diera
su dorado moño. Yo
    que la vi ensuciando espumas,
llego por detrás quedito,
y el sombrero que me quito                                1700
la pongo con banda y plumas;
    y ella entonces, no peñasco,
pero algo requesón ya,
respondióme: «Arre allá»,
en un espejo, ya calco,                                   1705
    se fue a mirar al candil,
y arrimando la sartén,
dijo: «A ver si me está bien.»
El dimuño que es sotil,
    hizo entonces de las suyas,                           1710
si Pedro yo de Urdemalas;
y como extranjeras galas
en bobas son aleluyas,
    tanto pudieron con ella,
que a los ecos de un «marido                              1715
tuyo soy» (hechizo ha sido

que encanta toda doncella)
   siendo tálamo el escaño,
la chimenea madrina,
a vista de la cocina,                   1720
hubimos año, buen año.
   Dueña, aunque no de su casa
la moza, y ya yo su dueño,
entró el sol antes que el sueño,
y caricuerda Tomasa                1725
   (que este apellido la dan)
me conjuró que cumpliese
mi promesa y que volviese,
en saliendo capitán,
   por ella; y a fe de hidalgo,       1730
que he de hacerla mi mujer,
si bien esto no ha de ser
mientras capitán no salgo.

**Don Hernando**       Sí harás; que si yo, Mansilla,
esposo de Laura soy,              1735
y dote honrado te doy,
tu palabra has de cumplilla.
   En fin, ¿llegaste a mi casa?

**Mansilla**          ¡Ah, sí! Olvidábame ya;
pero ¿qué mucho, si está       1740
cosquillándome Tomasa?
   Guardéte el mejor bocado
para la postre. Este pliego
te traigo, y en él te llego
a dar plácemes de grado,       1745
   puesto que pesares tiene.
Siete mil de renta heredas,
con que consolarte puedas.

| Don Hernando | ¿Qué dices? Mas Laura viene. |
|---|---|
| | Retírate. |

| Mansilla | ¿Para qué, | 1750 |
|---|---|---|
| | si te has de partir al punto, | |
| | y la hermana del difunto | |
| | te adora? | |

| Don Hernando | Retírate. |
|---|---|

| Mansilla | ¿No sabe que soy tu paje? |
|---|---|

| Don Hernando | Sí, pero maliciarán | 1755 |
|---|---|---|
| | los que aquí vienen y van, | |
| | si contigo en este traje | |
| | me ven hablar, y no quiero | |
| | dar ocasión a malicias. | |

| Mansilla | Pues prevénme las albricias, | 1760 |
|---|---|---|
| | que cuando anochezca espero. | |

(Vase.)

(Carta. Abre el pliego, y lee Don Fernando.)

(Lee.) «Llevó el cielo a vuestro primo don Gerónimo, con lastimoso sentimiento de cuantos conocieron su agradable y mal lograda juventud, sucediendo vos en su mayorazgo, por cláusula que excluye a las mujeres y llama al varón más propincuo. Quisiera pagarle el amor que me tuvo y consolar su hermana, haciéndola esposa vuestra: su hermosura y mi gusto pienso que os dispondrán a lo que os está tan bien. Ella y yo os esperamos; y cuanto más os detuviérades, más sentiremos la falta suya y vuestra ausencia. El cielo os traiga con bien. Málaga y abril 14 de 1626 años. Vuestra madre, doña Ana de Zúñiga.»

(Sale Laura leyendo otra carta.)

(Carta.)            «El cielo os me deje ver, y os prospere muchos años. Vinaroz y marzo 29 de 1626. El conde Pompeyo, vuestro tío.»

Laura            Don Hernando.

Don Hernando                    Laura mía.

Laura            ¿Jardinero y con papeles?

Don Hernando    El jardín, filosofía
de amor, en estos planteles                    1765
me da lición cada día.
   Letras estas flores son
donde mi asistencia alcanza
paciencia en la dilación,
en el temor esperanza,                    1770
y paz en la confusión.
   Este jardín es mi escuela
donde cursando desvela
el miedo imaginaciones;
sus lazos son mis renglones                    1775
y en sus cláusulas revela
   misterios mi amor. Sus hojas
dan materia a mis cuidados,
encendidos con las rojas,
si moradas aliviados,                    1780

si leonadas son congojas.
    Ya con las verdes espero;
con las azules me abraso,
con las amarillas muero,
casto con las blancas paso,          1785
y con las pardas me altero.
    En las clicies me mejoro,
con las venus me enamoro,
presumo con los narcisos,
y hallando en todas avisos,         1790
sufro, espero, temo y lloro.

**Laura**          Voluntad contemplativa
a sí misma se hará guerra.
Pero ¿cúya es la misiva?

**Don Hernando**    Carta es, Laura, de mi tierra,    1795
que quiere amor que reciba
    cuando vos del mismo modo
leyendo salís, en muestra
de que con vos me acomodo;
pues siendo, en fin, sombra vuestra,    1800
manda que os imite en todo.
    Pero en ésa, prenda mía,
según mostráis alegría
repasando sus conceptos
os ponderarán discretos         1805
al autor que los envía.
    ¿Mas que su ingenio aplaudís?
¿Mas que a su dueño estimáis?
¿Mas que su amor admitís?
¿Mas que por él me olvidáis,        1810
y a desdeñarme venís?

| Laura | ¿Mas que me habéis agraviado |
|---|---|
| | en pedirme adelantado |
| | los celos que estoy temiendo? |
| | Que no entra en casa riñendo 1815 |
| | quien no se siente culpado. |

Don Hernando        Troquémoslas pues.

Laura                              En esta
mostrar lo que os amo puedo,
pues no ha de tener respuesta.

(Truécanlas.)

Don Hernando        Y yo en esta, que aunque heredo        1820
por ella, me es tan molesta
    esa cláusula postrera,
que a trueco de no cumplilla,
por no perderos, perdiera
la corona de Castilla,        1825
cuando la del mundo fuera.

(Carta: lee recio Don Hernando y para sí Laura.)

«La perezosa tardanza de las galeras de Nápoles, sobrina y señora mía, me ha detenido en Valencia dos meses y medio. Ya, gracias a Dios, están en Vinaroz, y yo embarcado en su almiranta. Llegó en ellas el conde Galeazo Malatesta, primogénito de vuestro opositor y violento conde de vuestra Valencia del Po. Visitóme, dándome parte de sus deseos, que son reducir a paces amorosas pleitos prolijos. Su presencia, edad, discreción y cortesía, además de ser vos prima hermana suya, si he de hablar desapasionadamente,

le hacen más merecedor de esposo que de litigante
vuestro. Propongo mi parecer, pero subordinado a la
discreta eleción de vuestra prudencia. Él parte a veros
con merecidas esperanzas, y yo a mi gobierno. El cielo,
sobrina mía, os me deje ver sin pleitos y con sosiego en
vuestro estado; que si tomáis mi consejo y es Galeazo
vuestro esposo, no tardará mucho, etc. El conde
Pompeyo vuestro tío.»

| | | |
|---|---|---|
| Laura | De aquí, Hernando, por la cuenta | |
| | plácemes podré sacar, | |
| | que envidiosa os llegue a dar | |
| | d'esta esposa y d'esta renta. | 1830 |
| | Vuestra madre cuerda os llama, | |
| | ya os espera vuestra prima, | |
| | el mayorazgo es de estima | |
| | y obligatoria la dama; | |
| | por ser hermana del muerto, | 1835 |
| | madre la casamentera | |
| | vos su deudo, yo extranjera, | |
| | aceptaréis el concierto. | |
| | Gocéis os, señor, mil años. | |
| Don Hernando | Para matarme, uno sobra. | 1840 |
| | Poned vos, Laura, por obra | |
| | consejos, cuando no engaños | |
| | de Pompeyo, vuestro tío, | |
| | pues ya vuestro primo viene; | |
| | que quien tal padrino tiene, | 1845 |
| | vencerá el derecho mío. | |
| | Pleitos que son embarazo | |
| | de la hacienda y la quietud | |
| | atajarlos es virtud; | |
| | Y más siendo Galeazo | 1850 |

mozo, gallardo, leído,
ilustre, discreto, amante,
vos su sangre, yo ignorante,
desdichado y presumido.
    Que quien jardines cultiva          1855
donde malogra sudores
en yerbas que aunque dan flores,
del fruto el tiempo las priva,
    cuando en estéril tributo
pague desvelos de amor,             1860
llorará esperanza flor
que nunca llegó a dar fruto.
    ¡Qué mal el gozo se esconde
que el corazón manifiesta!

(Sale un criado.)

Criado               Galeazo Malatesta,        1865
                  señora, a quien llama conde
                      la gente que le acompaña,
                  entra a hablaros.

Don Hernando                    Caminó
                  con alas que amor le dio,
                  y si vuela no se engaña.        1870
                      Él mismo sería el correo
                  de esa carta precursora.

Laura                 Retírate, Hernando, agora;
                  que pues con celos te veo,
                      ya te confirmo en mi amante,     1875
                  que los comprara te juro,
                  por abonarte seguro,
                  temerosa no ha un instante.

            No receles, vuelve a verme;
        que yo le despediré                          1880
        brevemente.

Don Hernando              Pues ¿podré
        hermosa Laura, atreverme
            a ausentarme, si experiencia
        tengo que ausencia y mujer...?

Laura              De un rato ¿qué hay que temer?          1885

Don Hernando      Mucho. Que, en fin, es ausencia.

Laura              Pues estáte aquí.

Don Hernando                            Sí haré;
        que hermosura combatida,
        a poca distancia olvida
        y apetece lo que ve.                         1890

(Sale Tomasa de conde gracioso, y como criados suyos Galeazo y
PETRONILA.)

Tomasa              Selencia sea bien llegada,
        mande cubrirse selencia,
        que ya milencia lo está.
        Echóme el conde a galeras,
        mi padre, porque llegase                     1895
        a casarme con la priesa
        que requiere esa hermosura,
        porque es muy linda selencia.
        De Génova me sacó,
        la capitana o sargenta...                    1900
        ¿fue sargenta o capitana?

¡Hola!, don Gómez ¿cuál era?

Doña Petronila    Sosiéguese vuesiría,
                  que está turbado.

Tomasa                              Me prueba
                  la tierra; pero ya caigo                    1905
(Aparte.)         (tengo la memoria tierna).
                  Vine en una galeaza,
                  que sería mi parienta
                  por lo Galeazo, en fin,
                  y pasando el golfo en ella,                 1910
                  comimos muy mal bizcocho.
                  Yo le prometo a selencia
                  que en esto del bizcochar,
                  son malas monjas galeras.
                  Desembarqué en Vinoarroz.                   1915

Doña Petronila    Vinaroz se llama, bestia.

Tomasa            Vinaroz o Bindarráez,
                  ¿qué importa mudar dos letras?
                  Tornamos postas allí,
                  que fue la invención más fiera...           1920
                  Selencia ¿ha corrido postas?

Conde             (Aparte.) (Don Gómez, ¿mas que nos echa
                  a perder este ignorante?)

Doña Petronila    (Aparte.) (Dejalde decir simplezas,
                  que todo esto importa al caso;              1925
                  vos veréis lo que aprovecha.)

Laura             (Aparte.) (¿Qué conde o qué bernardina

es éste, cielos?)

Don Hernando      (Aparte).          (Ya alegran
                  desmayos mis esperanzas,
                  casi con recelos muertas.                    1930
                  ¡Discreto competidor
                  nos viene!)

Tomasa                      Cincuenta leguas
                  en tres días y a la posta,
                  postillas a posta engendran
                  en las partes posteriores,                   1935
                  que unas con otras apuestan
                  a hacer pistos o ser pastas,
                  según blandas se me apestan.
                  En fin, ambos acerillos
                  sino papandujas brevas,                      1940
                  anoche al cantar los gallos,
                  llegaron cual digan dueñas.
                  Y yo, con la intercesión
                  del buen tío de selencia,
                  que se embarcó en mi lugar                    1945
                  y con cartas me encomienda
                  a selencia, madrugué
                  esta tarde; y no viniera
                  en verdad hasta mañana,
                  a no soñar en selencia;                      1950
                  porque las ya dichas postas
                  pienso que anuncian viruelas,
                  y están malas hacia abajo,
                  con llamarme Malatesta.

Laura             Hiciera vueseñoría                           1955
                  una cosa muy discreta

en tardarse allá dos años....
digo, dos días. (Aparte.)    (Me pega
el mal de sus necedades,
y por necio, le hablo necia.                    1960
No sé lo que le responda.)

Tomasa          Mis baúles, que ya llegan,
a selencia le darán
dos celemines de perlas,
medidas por estas manos.                        1965

Laura           La medida es como vuestra,
señor conde.

Tomasa                          Y pienso yo
que si se miran y piensan,
darán mucho que pensar
a pensamientos.

Laura           (Aparte,)          (¡Qué bestia!      1970
¡Pienso todo y celemines!
¡Miren con quien me desea
casar el conde mi tío!
¡En verdad que salen ciertas
las partes de que le abona,                     1975
discreción, cara y presencia!
Debió de ser ironía.)

Tomasa          Tráigole más una piedra.
para todo mal de hijada
cosa admirable. Selencia                         1980
¿es tocada deste achaque?

Conde           (Aparte). (Don Gómez, vuestra condesa

está, con razón, corrida.
Y puesto que os mira tierna,
señal de lo bien que os quiere,                     1985
siento mucho el ofendella;
saquemos de aquí este loco.)

Doña Petronila     Callad, conde, y no os dé pena.

(A Don Hernando.)

Tomasa     ¿Sois vos el que legumbriza
lo crítico desta huerta?                            1990

Don Hernando     Yo su jardinero soy.

Tomasa     ¿Hay noria?

Don Hernando                    Sin macho en ella;
mas ya no nos hace falta.

Tomasa     Pues mirad: aunque más vueltas
déis alrededor vos y él,                            1995
sabed que tengo experiencia
que es necedad, porque saca
agua que para otros riega;
y él a escuras y sediento,
acaba donde comienza.                               2000
No seáis macho, no seáis macho.
Cogedme unas berenjenas
que en Italia no se comen,
y vengo muerto por ellas.
Daréiselas a este paje.                             2005
(A Doña Petronila.)     Miralde bien, y haced cuenta
que es mi paje, y que mi paje

basta que mi paje sea.

Laura               (Aparte.) (Este hombre es loco, señores.)

(Sale Mansilla.)

Mansilla            El marqués Otavio espera                    2010
                    que vueselencia le dé
                    lugar para entrar a verla.

Tomasa              (Aparte.) (¡Ah, traidor! ya te cogí.)
                    Esperáos, ¡hola! ¿Selencia
                    tiene este hombre a su servicio?            2015

Laura               A casa acude.

Tomasa                                  Pues venga
                    muchas veces a la mía.
                    Tomad aquesta cadena;
                    que os la doy porque sois cosa
                    de selencia la condesa.                     2024

Mansilla            Y déme a mí a pies juntillas
                    vuesiría vuesa alteza,
                    celsitud; paternidad,
                    tú, vos, él o reverencia,
                    el par sin par d'esas patas.                2025

Tomasa              ¿Llamáisos?

Mansilla                            Masilla.

Tomasa                                  Oveja
                    golosa y mansa, Mansilla,

mama a su madre y la ajena.
Algo me oléis a mamón.
Idme a ver cuando anochezca;                    2030
y vos, jardinero hermano,
siempre que mi paje os vea,
dalde gusto y regalalde
y corra esto por mi cuenta.
Y pues la aguardan visitas,                      2035
quédese con Dios, selencia,
que yo la veré mañana,
o esotro o cuando Dios quiera.

(Vanse los tres.)

Laura             ¿Qué os parece el desposado,
                  Hernando?

Don Hernando                  Que en competencia    2040
                  de tal gracia y discreción,
                  ya los celos me hacen guerra.

Laura             ¡No me la hicieran a mí
                  más los que de vuestra tierra,
                  con mayorazgos y primas,           2045
                  os sacan de mi obediencia!

Don Hernando      El alma sí, mi amor no.
                  Id, que el marqués os espera,
                  y ¡ojalá, condesa mía,
                  que como el conde os parezca!      2050

(Vase ella.)

Mansilla          ¿Conde es éste?

Don Hernando                              Y condenado.

Mansilla                    Dirás a bobuna eterna.

Don Hernando                ¿En qué lo echaste de ver?

Mansilla                    En que me dio la cadena.

                            Fin de la segunda jornada

## Jornada tercera

Sale de hombre Doña Petronila;y Laura.

| | | |
|---|---|---|
| Doña Petronila | Que os engañáis, os prometo. | 2055 |

Laura              No me persuadáis a mí,
contra lo que escuché y vi,
que es vuestro conde discreto.

Doña Petronila      Milagros de esa hermosura,
¿a quién no han de hacer turbar?           2060

Laura              Ni de mí osaré fiar,
don Gómez, esa ventura,
    ni amor, que al principio empieza
a acreditarse turbado
(porque en todo enamorado          2065
la repentina belleza
    reduce a la vista el alma),
después que vuelve advertido
a su lugar el sentido
que estaba, viéndola, en calma,         2070
    deja cuerdo de enmendar
la primera turbación,
que amor, todo discreción,
sabe ver y sabe hablar.
    Mas vuestro conde, en desprecio      2075
de quien ya le estima en poco,
entró a visitarme, loco,
y salió de verme, necio.

Doña Petronila      Los que en su casa asistimos
y con él comunicamos,           2080

su discreción admiramos
y su donaire aplaudimos.
   Ni su padre os le enviara,
ni Pompeyo intercediera
a que vuestro esposo fuera,            2085
si, como decís, le hallara
   sin partes para agradaros,
y amor para pretenderos.
Turbóse en llegando a veros
ocupóse en contemplaros,            2090
   y como el alma dirige
la lengua, y ésta olvidó
su acción vital cuando os vio,
¿qué mucho, si no la rige
   quien la fía sus conceptos,       2095
que en ellos hiciese pausa,
y mientras duró la causa,
le turbasen sus efectos?
   Él volverá sobre sí
la segunda vez que os vea.         2100

Laura            ¡Plegue a Dios que tarde sea!

Doña Petronila    Algo tenéis vos aquí
   que os duele más, mi señora,
que el conde.

Laura                   Examinador,
por lo rapaz, hablador,         2105
¿quién os mete en eso?

Doña Petronila            Adora
   quien sirve, lo que su dueño;
y como tiran los gajes

sus gentilhombres y pajes,
estoy en el mismo empeño.                    2110
    que el señor, que os quiere bien;
y en fe que en celos se abrasa,
los que estamos en su casa
tenemos celos también.
    Pero, pues os doy enfado,       2115
voyme. Adiós.

Laura                          Volved acá.

Doña Petronila    Si el conde en desgracia está
con vos, y soy su criado,
    participaré desvelos
de su vana pretensión.          2120

Laura    Si por participación
tenéis voluntad y celos,
    bien me debéis de querer.

Doña Petronila    Amor en los semejantes
es mal de participantes.          2125
¡Pudiera yo merecer
    igualaros!

Laura                          ¿Hay tal paje?

Doña Petronila    Tuviera yo calidad
digna de vuestra beldad
en hacienda y en linaje;          2130
    que entonces... No digo nada.
adiós, que me vuelvo loco.

Laura    No os vais, esperáos un poco.

Doña Petronila     Quien de mi señor se enfada,
                       no es razón, siéndole fiel,          2135
                   que en desprecio de los dos,
                   me detenga.

Laura                              Trocad vos
                   talle y ingenio con él,
                       y podrá ser que le estime.

Doña Petronila     Pues ¿qué le falta a mi dueño?          2140

Laura              Lo que a la imagen de un leño:
                   espíritu que te anime.
                       Si a vuestro cargo se toma
                   su amor, en él os mudad,
                   y veréis mi voluntad.                    2145

Doña Petronila     Bien se está san Pedro en Roma.

Laura                  Pues si vos que le servís,
                   y tan fiel os le mostráis
                   aún de palabra dudáis
                   el trueco que resistís,                  2150
                       ¿por qué me culpáis de ingrata,
                   cuando audiencia no le doy,
                   ni le amo, siendo quien soy,
                   y vos quien le asiste y trata?

Doña Petronila         Ahora bien; dadme licencia          2155
                   de que me transforme en él,
                   y represente el papel
                   del dicho conde en su ausencia;
                       veréis la mucha razón

que me obliga a no trocar                    2160
sujetos que han de aumentar
los grados de su pasión.

Laura

Vaya, que gusto de oíros,
y el sitio alegre convida
a burlas con que despida                     2165
soledades y suspiros.

Doña Petronila

Ya soy el conde, en efecto.

Laura

Por tal el talle os abona,
que aunque en tercera persona
deseo verle discreto.                        2170

Doña Petronila

(Como que llega con el sombrero en la mano.)
Vaya pues. - Pleitos parientes,
por serlo, más peligrosos,
prima y señora, amorosos,
a atajar inconvenientes,
de Milán me traen a España,                  2175
de mi padre persuadido
que amor, que tercero ha sido
de quien con él se acompaña,
pudiera facilitarlos
a no llegar a impedirlos                      2180
celos, que antes de admitirlos,
me ocasionan a llorarlos.
Temeroso del marqués
Otavio, mi opositor,
y el enemigo mayor                            2185
de mi padre, la causa es
de venir disimulado
en el traje que me esconde,

y que el verdadero conde
del fingido sea criado.                                    2190
De mí mismo presumido,
tan gallardo me fingí,
que en viéndoos, me prometí
ser luego de vos querido,
    y que vuestra libertad,                                2195
de ninguno conquistada,
para mí solo guardada,
me rindiera su beldad.
    Mas como en Madrid amor,
universal mercader,                                        2200
todo es comprar y vender,
siendo el gusto corredor;
    viendo lo que el vuestro precia
disfraces, sé, Laura hermosa,
que no hay hermosura ociosa,                               2205
ni presunción sin ser necia.
    No es el amante primero
que cuadros y engaños traza
quien esperanzas disfraza
en sombras de jardinero;                                   2210
    pero tampoco serán
estas las primeras flores
que a engaños lisonjeadores
ocasión y amparo dan.
    Fácil mostraros pudiera,                               2215
si secretos revelara,
dama que os desengañara
y a olvidar os persuadiera,
    que en la casa donde vivo,
llora cierta doña Inés                                     2220
de un don Fernando Cortés
traiciones, que os apercibo

para que os den escarmientos;
pues en Málaga engañada,
cuando adquirida olvidada,                       2225
a ejecutar juramentos
    viene de quien, incapaz
del bien que el amor encierra,
huyó a Italia, y por la guerra
trocó promesas de paz.                           2230
    Petronila hay en Sevilla
que de su honor acreedora,
los mismos engaños llora;
puesto que con escrebilla
    que con ella ha de casarse,                  2235
en añadiendo a su hacienda
la cruz que espera encomienda,
puede ausente consolarse.
    Hablen cartas; que estas dos
(Dáselas.)  de Italia a su madre escritas,       2240
aunque son quebradas ditas,
será desengaño en vos.
    Ésta escribió de Madrid,
(Dale otra.)  recién llegado; leeldas.
Si estáis celosa, rompeldas;                     2245
pero, si cuerda, advertid
    quien sois y en lo que os estima
quien, aunque con vos pleitea,
no ya por dueño os desea,
pero os guarda como a prima,                     2250
    y ha de vengar vuestro agravio,
cuando a Valencia del Po
me quiten; que pienso yo
si sabe el marqués Otavio
    (que sí sabrá, pues a hablarle               2255
voy, puesto que os favorece)

que os ama quien no os merece,
que en mi favor he de hallarle.
     Él hará que la sentencia
que esperáis, salga por mí;                                    2260
mas pues a vos os perdí,
¿qué importa pierda a Valencia?
     Gozad vuestro disfrazado,
que siembra afrentas en flores.
Y haced a un hombre favores                                    2265
con dos mujeres casado.
     Que con volverme a Milán,
y avisar a vuestro tío
vuestro amante desvarío,
justas disculpas tendrán                                       2270
     desprecios que sólo en vos
malograron mi esperanza.
Mas vos me daréis venganza.
Postas ¡hola! Prima, adiós,

(Quiere irse.)

Laura          ¡Espera! ¡Escucha! ¿Hay quimeras                2275
               semejantes? Primo, conde,
               don Gómez, oye y responde
               si éstas son burlas o veras.
                    Tan a lo vivo te enojas,
               de tal modo persüades,                          2280
               que con mentiras verdades,
               si me alegras, me congojas.
                    Secretos me has revelado
               que si mi primo no fueras,
               nunca saberlos pudieras.                        2285
               ¿Quién eres o quién te ha dado
                    tan larga cuenta de mí?

¿Qué deseos hechiceros,
entre engaños jardineros,
te hicieron curioso ansí?                                      2290
     Si desde Milán veniste,
¿cómo a Málaga llegaste?,
¿qué oráculos consultaste,
que de Sevilla supiste
     los agravios que imaginas,                               2295
los celos con que me ofendes,
las penas con que me enciendes
con Ineses y sobrinas?
     ¿Quién en la corte tan presto,
te enseñó esa doña Inés?                                      2300
De don Fernando Cortés,
¿quién te ha informado? ¿Qué es esto,
     cielos? No puedo negarte
ser ésta su firma y letra,
pero quien tanto penetra                                      2305
o se aprovecha del arte
     ilícita, o mi rigor
amante intenta vencer,
porque sólo puede hacer
tanta diligencia amor.                                        2310
     ¿Eres el conde mi primo?
Sí dices, pues estás mudo.
Ya me alegra lo que dudo;
por tal tu presencia estimo;
     · tu talle me desengaña,                                 2315
tu gentileza me obliga;
basta que el alma lo diga.
Quien vino por verme a España,
     quien averiguó discreto
traiciones que disfrazadas,                                   2320
fueron hasta aquí estimadas,

y ya aborrecer prometo,
    digno es de correspondencia
igual. Don Fernando, en fin,
lo que sembró en el jardín                          2325
cogerá; tenga paciencia
    si cauteloso y astuto,
le ofenden mis desengaños;
que bien es, quien siembra engaños,
que en desprecio coja el fruto.                      2330
    Sácame ya d'estas dudas,
dime si mi primo eres.

Doña Petronila     Seré lo que tú quisieres,
si en amor desdenes mudas.
    Yo soy el conde Galeazo,                          2335
que en tu vista me deleito.

Laura              Pues, conde, acabóse el pleito;
la sentencia es este abrazo.
(Abrázale.)        El don Fernando Cortés
murió. No puede igualarte.                            2340

Doña Petronila     Pues hoy ha de visitarte
su ofendida doña Inés,
    para que presente veas
quien ausente desatina.
Y la andaluza sobrina                                 2345
también, si hablarla deseas,
    está en la corte.

Laura                                 ¿Qué dices?

Doña Petronila     Esta tarde la verás.

Laura                    A ti te quiero, y no más.

Doña Petronila           Penas han sido felices                    2350
                            las que he pasado hasta aquí,
                         pues ansí lealtades pagas.

Laura                    Porque desde hoy satisfagas
                         agravios, haz prueba en mí
                            de lo mucho que te quiero.            2355

Doña Petronila           El jardinero nos mira.

Laura                    Pues un rato te retira;
                         que yo le haré al jardinero
                            que no engañe sencilleces
                         extranjeras.

Doña Petronila                          Voyme, pues.             2360

Laura                    ¿Volverás?

Doña Petronila                          Con doña Inés.

Laura                    ¿Y sin ella?

Doña Petronila                          Muchas veces.

(Vase y sale Don Hernando, de jardinero.)

Don Hernando             Dilaciones, mi condesa,
                         que esperanzas marchitando...

Laura                    Basta, basta, don Fernando;             2365
                         de conoceros me pesa.

Estos papeles mirad,
(Dáselos.)      y obligaciones cumplid;
que aunque es confusión Madrid,
tiene mucha claridad                              2370
    su cielo, con que da luz
a engaños y deslealtades.
Empeños y voluntades,
caballero y andaluz,
    no son pleitos de acreedores                  2375
que se dejan a herederos;
basta que deban dineros
y no paguen los señores,
    sin que deban la opinión
engañada por sencilla.                            2380
En Málaga y en Sevilla,
(será en su Contratación)
    tenéis vuestros intereses,
y es bien los correspondáis.
Si mercader no quebráis                           2385
con Petronilas e Ineses,
    cuyas esperanzas secas,
aunque aquí las cultivéis
se quejan de que las déis
engaños por hipotecas.                            2390
    Mirad que se cumple el plazo
que a estas deudas corresponde,
y que está en Madrid un conde
que es mi primo y es Galeazo,
    y llevará mal el veros                        2395
aquí desluciendo oficios;
que dicen mal artificios
que suelen dejar dineros.
    Escoged entre las dos
la más hermosa, y salid                           2400

d'esta huerta y de Madrid,
o haréos yo salir. Adiós.

(Vase.)

Don Hernando          ¿Qué es esto, Laura? ¿Qué es esto,
condesa, señora mía?
¡El pesar del alegría                                    2405
tan cerca, cielos, tan presto!
Mas quien su esperanza ha puesto
en yerbas que no dan fruto,
¿qué mucho cobre tributo
en flor que fácil se pierde,                            2410
viva a la mañana y verde,
muerta a la noche y con luto?
     ¿Qué Ineses, si ya casada
la que adoré me dejó?
¿Qué Petronilas, si yo,                                 2415
Laura, el alma os tengo dada?
Dióme en Sevilla posada
mi prima; mas si no vi
su hija, ¿en qué la ofendí?
¿Es la voluntad moneda                                  2420
con que paga el que se hospeda
regalos? Diréis que sí.
     Míos los papeles son,
con que Laura me lastima.
Escribiólos a mi prima                                  2425
no mi amor, mi obligación.
Rigurosa ejecución,
¿en palabras haces prenda?
Trueque amor, contrate y venda
si al interés se avasalla;                              2430
mas no me obligue a compralla,

ausente y sin ver la hacienda.
        ¿Quién os pudo, Laura, dar
papeles, mis enemigos?
¿Quién en la corte testigos                              2435
os hizo de mi pesar?
Celos por averiguar
infiernos son, que no celos.
O moriré, o sacarélos
en limpio y sabré mis daños                              2440
que más valen desengaños,
que morir entre recelos.

(Quiere irse, y detiénele Doña Petronila, de hombre.)

Doña Petronila          Don Hernando, cierta dama
que en casa del conde vive,
y este papel os escribe,                                 2445
sobrina vuestra se llama.
        No sé yo cómo ha sabido
que aquí vivís disfrazado;
amor, que es todo cuidado,
vuestro fiscal habrá sido.                               2450
        Velda; que corre su honor
riesgo agora manifiesto,
(Dale un papel.)        y por lo que os toca en esto,
debéis hacerla favor.
        La calle de la Gorguera,                         2455
en frente San Sebastián,
buscad; que en ella os dirán
su casa, y ved que os espera;
        pues, si como dice, es
sobrina vuestra, y no vais                               2460
aunque Cortés os llamáis,
no os tendremos por cortés.

(Vase.)

<table>
<tr><td>Don Hernando</td><td>Alto, a ejecutar papeles<br>que a su madre la escrebí,<br>mis penas la traen aquí,<br>ya con celos más crueles.</td><td>2465</td></tr>
<tr><td></td><td>Habréle a Laura vendido<br>quimeras y obligaciones,<br>que en sus imaginaciones<br>engendran desdén y olvido.</td><td>2470</td></tr>
<tr><td></td><td>Mas ia Madrid de Sevilla<br>una mujer principal,<br>sin verme, haciendo caudal<br>solamente de escrebilla!</td><td></td></tr>
<tr><td></td><td>¡Y en casa del conde! ¡Cielos!<br>¿Tan presto se han conocido?<br>Pero si el conde ha sabido<br>mi disfraz, y tiene celos,</td><td>2475</td></tr>
<tr><td></td><td>no es mucho, amor, que procures<br>que mi esperanza destrocen;<br>que en viéndose se conocen<br>los celosos y tahures.</td><td>2480</td></tr>
<tr><td></td><td>Sepamos qué determina<br>de mí, o qué puede quererme<br>quien me ejecuta sin verme.<br>¡Válgate Dios por sobrina!</td><td>2485</td></tr>
</table>

(Papel.)

<table>
<tr><td>(Lee.)</td><td>«La tempestad y inclemencia<br>del cielo, en la patria mía<br>hacienda y madre en un día<br>me quitó, no la paciencia.</td><td>2490</td></tr>
</table>

Sólo tengo por herencia
palabras que por escrito
en vuestra sangre acredito;
mas podréisme responder
que del decir al hacer,                                    2495
don Fernando, hay infinito.
    No os quiero yo limitar
gustos que hacen disfrazaros;
sólo con veros y hablaros
penas pretendo aliviar.                                    2500
Mucho tenemos que hablar,
y mucho más de vos fío.
Duélaos el destierro mío;
y vedme que es importante,
si no queréis como amante,                                 2505
a lo menos como tío.»
    ¡Bien mi dicha se restaura
con sobrina y sin hacienda,
que desterrada pretenda,
hacer competencia a Laura!                                 2510
    ¡Y bien a su amor me obliga,
solicitando rigores
de quien esperanzas flores
con menosprecio castiga!
    Con Laura me ha descompuesto,                          2515
doña Petronila, en fin;
su desdén secó el jardín
que mi amor le había dispuesto.
    Bien podré satisfacerla,
aunque renuncie disfraces,                                 2520
(que celos paran en paces)
y más haciendo que a verla
    vaya su competidora.
Mas ¿cómo podré después,

celosa de doña Inés,                                    2525
siempre mi perseguidora,
    desmentir tantas sospechas?
¿O cómo pudo saber
mi Laura d'esta mujer,
y de memorias deshechas                                 2530
    fabricar enojos tales?
Mas también habrá venido
a Madrid porque el sentido
me quiten juntos mis males.
    Dejemos transformaciones                            2535
que tan mal se me han logrado,
y ya mi amor declarado
aliente sus pretensiones.
    Veamos esta sobrina
que solicita mis daños;                                 2540
pagaréla en desengaños
el mal que a hacerme se inclina,
    y a Laura reduciré
a que, averiguando enojos,
vuelva mi paz a sus ojos;                               2545
que si me ama, bien podré.
    A Mansilla buscar quiero
para mudar de vestido.
Esta vez no habéis salido,
amor, diestro jardinero.                                2550

(Vase.)

(Salen Tomasa, de labradora, rebozada con la toca, y Mansilla.)

Tomasa          Déjeme lavar mi ropa,
                le digo, y hágase allá.

Mansilla    Vuelve la fachada acá
            y no mires por la popa;
                advierte que me destilas                    2555
            el alma y el corazón.
            ¡Bien haya quien el jabón
            hizo, y inventó las pilas!
                ¡Bendito sea el regidor,
            que entre floridos matices                       2560
            condujo jabonatrices
            para que se lave amor!
                Ni sus salas ni planteles,
            cuadros, estatuas, pinturas,
            grutescos, arquitecturas,                        2565
            rejas, balcones, canceles
                se igualan a la invención
            que en tanta pila dilata
            brazos fregones de plata
            entre ninfas de vellón.                          2570
                ¡No me hiciera a mí poeta,
            el dios rubio, todo cara!
            Panegíricos cantara
            a la invención arquitecta
                de Juan Fernández, que aquí,                 2575
            refugio de mantellinas,
            labró pilas cristalinas.
            ¡Vive Dios!, que cuando vi
                gorronas en letanía,
            pilones en procesión                             2580
            sudando espuma el jabón
            entre sucia trapería,
                que a fuer de disciplinantes,
            con los golpazos que daban,
            la pobre ropa llagaban                           2585
            y a ti entre tus semejantes

cerniendo jabonaduras,
y amasando camisones,
que dije: «Si aquí te pones,
amor, no andarás a oscuras;                    2590
    que dando ojos por despojos,
aquí, por lavar aprisa,
la más flamante camisa
sale, rota, un argos de ojos.»
    Ea, destapa la boca,                       2595
brilladora lavatriz;
no se atreva a la nariz
la descomedida toca;
    mira que me estás torciendo
el alma como pañal.                            2600

Tomasa              No lo sabe decir mal
el lacayazo.

Mansilla                        Ya entiendo;
turrón quieres.

Tomasa                          El picaño
debe soñarse en la aldea,
huésped de una chimenea,                       2605
y adúltero de un escaño.

Mansilla            ¡Zape! Astróloga acusanta,
¿quién de escaños te informó?,
que si la espetera no,
por Dios que eres nigromanta.                  2610
    ¿Quién el soplo vivo fue
d'este caso?

Tomasa                          La noticia

que tiene del la justicia,
a quien aviso daré
  de que siendo un ganapán,          2615
con alquilados vestidos
y cuentos no sucedidos,
se vende por capitán,
  y labradoras engaña
con plumitas y sombrero.          2620
Todo se sabe, chancero;
parientes tengo en Ocaña.
  Tras él vino con su padre
la del escaño; y en otro
cantará, que llaman potro,          2625
a las tres ánades madre.
  (Si nones decir espera)
el que de una cuchillada
sabe dar tal cabezada,
que hilvana toda una hilera.          2630
  Pues, míreme aquesta cara.

(Destápase.)

Mansilla      ¡Tomasa del alma mía!
¿Tú en Madrid?

Tomasa               ¿Pues qué quería?,
¿que la jineta aguardara,
  que en almohaza ha trocado?          2635
Aquí en busca suya estoy.

Mansilla      Los brazos y alma te doy.
¿Quién tan presto te ha enseñado
  a hablar sacudidamente?

| Tomasa | Pues yo, ¿cuándo muda he sido? | 2640 |

| Mansilla | Mujer muda no la ha habido,<br>mas labradora inocente<br>   ¿en Madrid, deja su casa,<br>y fullera jaboniza? | |

| Tomasa | Ansí el amor se desliza.<br>Quedando cual vio Tomasa,<br>   y sabiendo padre el caso,<br>¿qué tenía que esperar?<br>Sirvo en aqueste lugar<br>a una dama, toda raso,<br>   y no ha de verme mi aldea<br>mientras que no desengaño... | 2645<br><br><br><br><br>2650 |

| Mansilla | Querrás decir al escaño,<br>y madrina chimenea. | |

| Tomasa |    Que vuelvo con mi marido. | 2655 |

| Mansilla | Si quieres, presto será.<br>¿Dónde vives? | |

| Tomasa |      Cerca está,<br>aunque el sitio es escondido.<br>   Yo me le sabré buscar<br>cuando le haya menester;<br>que agora no puede ser. | <br><br><br>2660 |

| Mansilla | ¿Pues por qué? | |

| Tomasa |     Es nunca acabar.<br>No me ronde lavanderas, | |

ni pilas atisbe, ¿entiende?
Si es que anochecer pretende                          2665
con las costillas enteras;
    si no por aquí se esté,
sabrá después lo que pasa.

Mansilla     ¿Qué garatusas, Tomasa,
son éstas?

Tomasa                    Se las diré           2670
    cuando importe.

(Sale un criado.)

Criado                          Don Fernando
en la posada os espera.

Mansilla     ¿Tenemos nueva quimera?

Criado     Sayales va renunciando
    y viste a lo caballero.                            2675

Mansilla     Celuchos deben de ser.
¿Me vendrás mañana a ver?

Tomasa     A las dos.

Mansilla                    Mucho te quiero;
pero viendo que tu casa
me ocultas, celos me das.                              2680
Niña, en un lugar estás
donde por todo se pasa;
    no pase todo por ti.

| Tomasa | Ni por él, dándome enojos. |
| | Ponga dïeta en los ojos, |      2685
| | o acordaráse de mí. |

(Vanse.)

(Salen Doña Petronila con manto, y el Conde; tápase ella la cara.)

| Doña Petronila | Ya sabrá vueseñoría |
| | quien soy. |

| Conde |                     Aunque no me atrevo |
| | a pedir que os descubráis, |
| | en fe que no lo merezco, |      2690
| | ya, mi señora, me ha dicho |
| | obligaciones y empleos |
| | don Gómez, que me aseguran |
| | de competencias y celos. |
| | Sé que doña Petronila |      2695
| | sois, con prendas de por medio |
| | que obligan a que os adore |
| | quien os confiesa por dueño. |
| | Pidióme que os aguardase |
| | aquí; que como le tengo |      2700
| | por tan mi amigo, se ocupa |
| | en dar traza a mis remedios. |
| | Si por serlo suyo yo, |
| | agora obligaros puedo |
| | a que despojando estorbos, |      2705
| | ya que os hablo, pueda veros, |
| | la misma seguridad |
| | y llaneza en mí os ofrezco, |
| | que en don Gómez, vuestro amante; |
| | pero si no gustáis d'esto, |      2710

no pretendo yo enojaros.

Doña Petronila      Vuestro término discreto,
más tiene fuerza de leyes,
conde ilustre, que de ruegos;
mas hoy no puedo serviros:    2715
deslucen muchos desvelos,
y cáusamelos don Gómez.
Con tantos divertimientos
desacreditó su gusto;
y si el rostro agora os muestro,    2720
juzgaréisele estragado;
que no vengo de provecho.
Otro día os serviré.

Conde      Yo, mi señora, os prometo
que si por la muestra saco    2725
lo que me encubre ese velo,
que a don Gómez tengo envidia,
porque el donaire y despejo,
la discreción y el agrado
que apoyan lo que no veo,    2730
es tal...

Doña Petronila      Basta, señor conde.

(Muestra una mano sin guante.)

Conde      Esa mano que respeto
por lo grave y por lo hermoso,
proporcionado instrumento
de la cara que adivino,    2735
asegura los recelos
que fingís, porque el criado

nunca se aventaja al dueño.
¿Había naturaleza,
sabia siempre en sus efectos,                          2740
de deshermanar la cara
de tan bella mano y cuerpo?
No, señora, no es posible.
Perdonadme, si os desmiento,
que un mentís en tales casos,                          2745
servicio es más que desprecio.

Doña Petronila    Yo le estimo por favor,
y ¡ojalá me hiciera el cielo
como vos me imagináis,
pincel vuestro pensamiento!                            2750
Compitiera más segura
con la condesa, a quien temo
las ventajas que la envidio,
y gracias que la concedo.
Sólo en la desigualdad                                 2755
de su amor culparla puedo,
pues condesas y estudiantes
desproporcionan sujetos.
¡Cuánto mejor le estuvieran,
a no pintarse amor ciego,                              2760
las prendas que en vos ignora
conde, galán y su deudo!
Las mujeres, en fin, somos
esfera de los defectos;
como tales elegimos                                    2765
gustos, no merecimientos...
¡Plegue a Dios que mienta yo
y que don Gómez, tercero,
tan cerca de los peligros,
no venga a anegarse en ellos!                          2770

Conde          En esa parte, señora,
               perdonadme; que le precio
               más que vos, pues d'él confío
               lo que en vos dudoso veo.

Doña Petronila     Estoy celosa.

Conde                      Yo y todo;                                    2775
               mas hay dos suertes de celos,
               unos nobles y otros no;
               y si de Laura los tengo,
               en don Gómez los alivio.
               Español y caballero,                                     2780
               sabio por la profesión,
               y por la experiencia cuerdo,
               ni faltará a mi amistad,
               ni despreciará el empeño
               con que amor os eslabona,                                2785
               de los dos hermoso enjerto.

Doña Petronila     ¿Luego díjoos...?

Conde                          Ya me ha dicho
               que es bisagra un ángel tierno
               de vuestras dos voluntades;
               que entre él y mí no hay secretos.                       2790

(Sale Roberto.)

Roberto        Vargas me envía a avisar
               a vueseñoría que luego
               se llegue a la huerta dicha
               de Juan Fernández; que el pleito

salió ya en favor de Laura,                2795
y hay muchas cosas de nuevo
que en el de vueseñoría
nuestro don Gómez ha hecho.

Conde            ¡Válgame Dios! Perdonadme,
señora, si agora os dejo,                  2800
que en vuestra casa quedáis,
mientras con don Gómez vuelvo.

Doña Petronila   Ruego a Dios, conde y señor,
que de un próspero suceso
vengan a pedirme albricias,                2805
por la parte que en él tengo.

Conde            Adiós.

Doña Petronila          Señor, advertid
que aguardo.

Conde                      Luego volvemos
don Gómez y yo. Quedáos
con esta dama, Roberto.                    2810

(Vase.)

Doña Petronila   Hacedme merced, hildalgo,
de llamarme un caballero,
que es mi tío y en mi busca
llegará, a lo que sospecho
(si no ha llegado) a esta casa.            2815

Roberto          Que me place.

| Doña Petronila | Y en viniendo |
| --- | --- |

no dejéis entrar a nadie;
que importa hablarle en secreto.

| Roberto | En todo seréis servida. |
| --- | --- |

(Vase.)

| Doña Petronila | Amor siempre invencionero, | 2820 |
| (Descúbrese.) | quimera todo y embustes, | |
| | ¿qué fin han de tener estos? | |

(Salen Roberto, y Don Hernando de rúa con hábito de Santiago.)

| Roberto | Aquí está vuestra sobrina; | |
| --- | --- | --- |
| | entrad, y seré portero, | |
| | porque ansí me lo ha mandado | 2825 |
| | la misma. | |

| Don Hernando | Guárdeos el cielo. |
| --- | --- |

| Doña Petronila | ¡Don Hernando de mis ojos!, | |
| --- | --- | --- |
| | pues he merecido veros, | |
| | ya podré olvidar trabajos | |
| | que ocasionan mi destierro. | 2830 |
| | Aguardando estaba un coche | |
| | (como veis, el manto puesto), | |
| | dudosa de que bastasen | |
| | papeles y parentescos | |
| | a sacaros de hortelano; | 2835 |
| | y a no venir, os prometo | |
| | que pensaba ir en persona, | |
| | tío, a haceros un mal tercio. | |
| | Habladme, dadme esos brazos; | |

que por amantes y deudos,                                2840
bien los puedo merecer
en albricias de que os veo.
Parece que os extrañáis
de hablarme.

Don Hernando                        Fuera yo necio,
si en tantas admiraciones                                2845
no me asombrara suspenso.
Vuestra hermosura y agrado
me enmudece, lo primero,
quejoso de que mi prima
tanto bien me haya encubierto.                            2850
Lo segundo, el ver que aquí
mujer de tantos respetos
y nobleza como vos,
se atreva desde tan lejos
a ejecutar cortesías,                                     2855
que parando en cumplimientos,
fuera fácil descartarlos,
a no cautivarme el veros.
Lo tercero, de que estéis,
no huéspeda, pero dueño                                   2860
d'esta casa, donde vive
un conde, y ése extranjero,
de ayer venido. Lo cuarto
que me conozcáis tan presto
sin haberme visto nunca.                                  2865
Pudiera alegar, tras esto,
agravios no merecidos
con que me habéis descompuesto
con Laura, de cuyo amor
solos ya desdenes medro;                                  2870
además, si no me engaño,

de que en vos la imagen veo
de un don Gómez que me trujo
esta tarde un papel vuestro.
Ved si hay causas de admirarme.                    2875

Doña Petronila     Un algo nos parecemos
ese paje y yo, es verdad;
mas eso, Hernando, no es nuevo.
Murió en Sevilla mi madre
en el rigor d'este invierno                        2880
a manos de aquel diluvio
que tantos pobres ha hecho.
Habíame prometido,
enseñándome los pliegos
que de Italia y d'esta corte                        2885
la enviastes, que en honestos
lazos de amor os tendría
brevemente por mi dueño;
y deseábalo mucho,
obligándoos hasta en esto.                          2890
Estaba yo... (perdonadme
si declaro pensamientos
que la vergüenza hasta agora
tuvo ocultos en mi pecho),
estaba yo enamorada                                 2895
desde que una noche os vieron
curiosidades prohibidas
que engendraron mis deseos,
puesto que a puerta cerrada,
por permisiones que el tiempo                       2900
supo abrir en sus molduras;
que aun en ellas hay cohechos.
Como os partistes a Italia
aquella tarde sin vernos,

y amor con la privación                    2905
es lo mismo que con celos,
cuanto más dificultoso
os consideré, dio aliento
a centellas, que imposibles,
no pararon hasta incendios.               2910
Sin vos, sin mí y sin mi madre,
vine en vuestro seguimiento
por lo más, ya que perdí
la hacienda que fue lo menos;
quiero decir, por el alma;                 2915
que ya que mis bienes pierdo
aunque en ella halle mis males,
busca su consorte el cuerpo.
No faltaron en Madrid
Argos, Fernando, que os vieron            2920
cohechar jardines y flores,
y al conde noticia dieron
de malicias, ya verdades,
que averiguando los celos,
para desmentir peligros,                   2925
pararon en embelecos.
Apeóse en mi posada
el dicho conde, y pudieron
según él finge, obligarle
mis ojos, que él llama cielos,            2930
a divertirle de Laura.
Y esto, Hernando, en tanto extremo,
que informado de quien soy,
en saliendo con un pleito
que importante aquí litiga,                2935
con lícitos himeneos
me ofrece en Italia estados
y en España pensamientos.

Puso casa, y en un cuarto
d'ella dándome aposento,                              2940
si amante me solicita,
me honra como caballero.
Para burlarse de Laura,
hizo al paje más grosero,
que la viese, falso conde;                            2945
ya os hallastes al suceso.
Tío, mi padre me escribe
que con más de cien mil pesos
viene a cubrir de diamantes
la cruz que os adorna el pecho                        2950
si pagáis obligaciones,
cuando un conde menosprecio,
y con el nombre de esposo
gustáis realzar el de deudo.
Dejad pretensiones vanas;                             2955
porque os afirmo por cierto
que don Gómez, ese mozo,
a quien dicen me parezco,
tiene en Laura tanta parte
(pues yo os lo afirmo, creeldo),                      2960
que hay quien ha visto que pasan
de los límites honestos.
Díjele cuánto os quería;
ofreció ser mi tercero;
dióme de sus dichas parte;                            2965
y para aliviar sus celos,
vuestras cartas me pidió,
que a la condesa pudieron
persuadir a los engaños
que lloran vuestros desvelos.                         2970
Como en que Laura os olvide
tanto, mi Hernando, intereso,

también yo he solicitado
con ella sus menosprecios.
Obligaciones de tío,                                    2975
promesas de caballero,
correspondencias de amante,
resoluciones de cuerdo
os intimo; si admitís
la voluntad que os ofrezco,                             2980
ni yo lloraré desgracias
ni vos sentiréis desprecios.

Don Hernando     Ahora, sobrina, estas cosas
piden dilación al tiempo,
información a la fama,                                  2985
y a la prudencia consejo;
tratarémoslas de espacio
yo vendré a la noche a veros.
(Aparte.)        (Quedáos con Dios. Muerto voy
de agravios, de amor y celos.)                         2990

(Vase.)

Doña Petronila    Esto lleva ya camino.

(Cúbrese.)

(Sale Roberto.)

Roberto          Ya se fue aquel caballero.

Doña Petronila    Y el conde se tarda mucho.
Yo tengo la casa lejos.
Sepa si volvió la silla                                 2995
por mí.

Roberto                    Con un escudero,
pienso que os espera abajo.

Doña Petronila         Pues diga el señor Roberto
al conde que me perdone;
que mañana le prometo                              3000
volverle a besar las manos;
y a don Gómez que le debo
el cuidado con que estuvo
aguardándome al encuentro
para acompañarme; que es                           3005
puntualísimo en extremo.

(Vanse.)

(Salen Tomasa con manto, y de dama muy bizarra, y Laura en cuerpo.)

Tomasa                 Favorece vueselencia
mi humildad como quien es.

Laura                  Vos, señora doña Inés,
en discreción y en presencia                       3010
    merecéis que don Fernando
os adore; y para mí,
quien de vos se olvida ansí
otras bellezas buscando,
    estragado tiene el gusto.                       3015

Tomasa                 Aunque peca de inconstante,
es Fernando vuestro amante,
y viéndoos no fuera justo
    que de amor no mejorara;
pues siendo conde con vos,                          3020

correspondidos los dos,
no es mucho que me olvidara.
  Salistes con la sentencia,
que gocéis por muchos años;
sacáronme mis engaños                    3025
de Málaga; y la inocencia,
  que en las de mi profesión
se funda en recogimiento,
podrá servir de escarmiento
si no de satisfación,                    3030
  a quien como yo se deja
de palabras engañar.

Laura        Don Gómez me vino a dar
cuenta de la justa queja
  que don Fernando Cortés            3035
os causa; y tengo noticia,
que su amor, todo malicia,
ha alcanzado, doña Inés,
  de vos, lo que no se puede
restaurar no siendo esposo            3040
vuestro.

Tomasa               El amor engañoso
lo que no cumple concede.
  A costa de mi vergüenza,
confieso lo que decís.

Laura        Si ese derecho adquirís,          3045
la razón, doña Inés, venza;
  que yo no he de ser mujer
de quien ya para con Dios
está casado con vos.
Ya de mí no hay que temer.            3050

Galeazo Malatesta,
aunque oculto a verme vino,
engaños cuerdo previno
de quien ya mi amor molesta.
    Es mi primo, y pues salí                      3055
en el pleito vencedora,
dándole la mano agora
verá que hay valor en mí
    para pleitear estados
y amor para restaurar                            3060
pérdidas que han de premiar
sus amorosos cuidados.

Tomasa          Sois victoriosa y amante.

Laura           De mí, Inés, estad segura;
pero no de otra hermosura                        3065
con la vuestra litigante,
    que en Sevilla se dejó
engañar cual vos, y agora,
en Madrid competidora,
en tres cartas alegó
    palabras que recopila,
y os ha de dar bien que hacer
por ellas. Es su mujer
cierta doña Petronila,
    su sobrina y sevillana.                       3075

Tomasa          Siendo primero acreedor
en esas deudas mi amor,
la justicia tengo llana;
    y un testigo de dos años
que traigo a Madrid conmigo.                      3080

| Laura | Ese es parte y es testigo |
|---|---|

Laura   Ese es parte y es testigo
        que sacará a luz engaños.
            ¿Es posible que se atreva,
        quien así se ve obligado,
        al cielo?

Tomasa                      Un enamorado                    3085
        tras sí los sentidos lleva.
            Bien le pueden disculpar
        hermosura, amor y ausencia.

(Sale un Criado.)

Criado  Una dama a vueselencia
        plácemes le viene a dar                             3090
            del pleito con que ha salido.

Laura   ¿Quién es?

Criado                      Dice que se llama
        doña Petronila.

Laura                       Dama
        de vuestro ofensor ha sido;
            mirad si os dije verdad.                        3095
        ¿Queréis verla?

Tomasa                      No, señora;
        que siendo mi opositora,
        perderé a la autoridad
            que merece vueselencia
        el respeto, y no es razón                           3100
        dar a enojos ocasión.
        Irme quiero.

Laura                               Esa es prudencia.
                    Mirad que habemos de ser
                    muy amigas desde hoy.

Tomasa              Bésoos las manos. Yo soy                    3105
                    vuestra esclava.

(Vase.)

Laura                               Esta mujer
                    he visto yo no sé dónde;
                    paréceme que jurara
                    que se retrató en su cara
                    la del mentiroso conde.                     3110

(Sale Doña Petronila, cubierta la cara.)

Doña Petronila      Don Gómez, señora mía,
                    a quien le debe mi honor
                    la confidencia y favor
                    que de mi esperanza fía,
                        me mandó que a visitaros                3115
                    a instancia suya viniese,
                    y parabienes os diese
                    de que ya pueda llamaros
                        condesa suya Valencia.
                    Goce de su posesión                         3120
                    digna de tal perfección
                    otras muchas vueselencia,
                        y téngame a mí por suya.

Laura               Cuenta don Gómez me ha dado
                    de quién sois y del cuidado                 3125

que os trujo a Madrid. Arguya
    de vuestra belleza agora
mi vista la ingratitud
de una loca juventud
que os ha olvidado. Señora,                    3130
    apartad del rostro el manto.

(Descúbrese.)

Doña Petronila    Serviros es mi deseo.

Laura             ¡Jesús! ¿Qué es esto que veo?

Doña Petronila    No me admira vuestro espanto;
                  que somos muy parecidos            3135
                  don Gómez y yo.

Laura                           No sé
                  si viéndoos, crédito dé
                  a mi engaño o mis sentidos.
                      Admiro tal semejanza.

Doña Petronila    Como esa es causa de amor,          3140
                  solicité su favor,
                  y vive en él mi esperanza.
                      Quiso Dios que se apease
                  en la posada en que moro,
                  y el menosprecio que lloro          3145
                  mis desdichas le contase;
                      y d'ellas compadecido
                  don Gómez me prometió
                  socorros que ya cumplió;
                  pues según d'el he sabido,           3150
                      ya don Hernando Cortés

no podrá lograr en vos
los engaños que a otras dos
ha hecho.

Laura                           Una doña Inés,
        de Málaga, puede haceros                          3155
contradicción; que de mí
no hay recelos desde aquí,
que os den causa de ofenderos.
        ¡Líbreme Dios de tal hombre!

Doña Petronila          Ya yo sé que esa mujer                      3160
esta tarde os vino a ver;
mas no hay por qué eso me asombre,
        que todo son fingimientos.

Laura                   Por cierto, si cual la cara,
vuestro derecho os ampara,                                3165
que tenéis merecimientos
dignos de que don Fernando
más que a todas os estime.

Doña Petronila          Vuestra hermosura reprime
memorias que estoy llorando;                              3170
        puesto que como os adora
don Gómez... (el conde digo;
que declarado conmigo,
de todo soy sabidora)
        no tengo que temer daños,                         3175
aunque sí merecimientos,
pues os darán escarmientos
consejos en desengaños.
        ¡Dichoso, si ha de ser dueño
don Gómez d'esa beldad!                                   3180

| Laura | Vivid con seguridad<br>de que el amor que le enseño,<br>no es fingido. | |
|---|---|---|

Laura                     Vivid con seguridad
                          de que el amor que le enseño,
                              no es fingido.

Doña Petronila                              Sois tan sabia
                          como hermosa en elegir
                          tal sujeto.

Laura                                       Séos decir                    3185
                          que el ingrato que os agravia
                              aunque se llama Cortés,
                          desdice de su apellido,
                          pues que con vos no lo ha sido.
                          Líbreos Dios de doña Inés,                      3190
                              que por la similitud
                          que con don Gómez tenéis
                          deseo mucho que troquéis
                          en amor su ingratitud.

Doña Petronila            No me hagáis vos competencia,                  3195
                          que en lo demás no hay temor
                          que desespere mi amor.

(Sale un Criado.)

Criado                    A hablar a vuestra excelencia
                              entra un caballero.

Doña Petronila                                  Dadme
                          licencia...

Laura                                     Con que volváis                3200
                          a verme.

Doña Petronila                    ¿De eso dudáis?

Laura                    Petronila, visitadme;
                    que os quiero mucho.

Doña Petronila                                        Será
                    no por lo que yo merezco,
                    mas por lo que me parezco                    3205
                    al conde que pena os da.

Laura                    Mucho merecéis por vos;
                    mucho por él os estimo.

Doña Petronila                    Sois su dama, es vuestro primo,
                    y yo vuestra esclava. Adiós.                    3210

(Sale el Conde.)

Conde                    Ya que el pleito vencistes
                    justamente, hermosa Laura,
                    y con Valencia perdí
                    la libertad, vuestra esclava,
                    puesto que agora pudiera                    3215
                    dar a mis celos venganza,
                    apoyando desposorios
                    de quien amáis engañada,
                    mi noble amor no consiente
                    que cuando os volváis a Italia                    3220
                    llevéis menos la opinión
                    que tarde el tiempo restaura.
                    El jardinero fingido
                    que aquí cultivó esperanzas,
                    cogiendo el fruto en desdenes,                    3225

que lastiman, si no matan,
cuenta me ha dado de todo
lo que con don Gómez pasa,
el amor que le tenéis
y, de vos misma olvidada,                    3230
las sospechas con que queda
ofendida vuestra fama;
que ya estas fuentes murmuran
lo que estos jardines callan.
Y aunque don Fernando es noble,              3235
no creyera sus palabras,
porque ya yo sé que celos
mentiras y enredos tratan,
si el mismo ingrato don Gómez,
que aposentado en mi casa,                   3240
y, amigo falso, en mi pecho,
ocasiona estas marañas,
en vez de terciar mis dichas,
reducirme a vuestra gracia,
y cumplir palabras suyas,                    3245
todo engaños, todo caras,
conmigo y con vos traidor,
cuanto más finge que os ama,
más vuestra opinión desdora,
más vuestra afrenta amenaza.                 3250
Él me contó los sucesos
de Alcalá, donde hospedada,
os lisonjeó atrevido
la noche, que a ser vos sabia,
os pudieran persuadir                        3255
sutilezas de sotanas
a estudiantes embelecos,
y mentiras gradüadas.
Por orden vuestra se encubre,

mudando en Madrid posadas;                    3260
y en vez de cursar escuelas,
cursa aquí materias falsas.
Yo, Laura, soy vuestro primo;
yo el conde soy, que de Italia
a perder paciencia y pleitos                   3265
me trasladó amor a España.
Paje es el conde fingido
de don Gómez, que disfraza
para asegurar con vos
su amor y estorbar mudanzas.                    3270
Persuadióme a estos enredos,
diciendo que me importaba
encubrirme de enemigos
que antiguos enojos guardan.
Mirad, prima, lo que hacéis;                    3275
que don Gómez tiene dama
en Madrid, que es madre ya,
y que su esposa se llama.
Cierta doña Petronila
estuvo poco ha en mi casa                       3280
conmigo, de vos celosa,
y a pedir determinada
a la Iglesia le compela
a que cumpliendo palabras
ejecutadas en obras,                            3285
tantas quimeras deshaga.
Por lo que a mi sangre debo,
porque os adoro, aunque ingrata,
y por descubrir traiciones
que a luz desengaños sacan,                     3290
os vengo a dar este aviso.
Desmentid sospechas falsas,
y pagad merecimientos

de quien os tiene en el alma.

Laura       ¿Qué Circes, qué Falerinas      3295
pretenden en esta casa
mezclar hechizos en flores,
que tanto embeleco enlazan?
Hombre, que no sé quién eres,
puesto que conde te llamas,      3300
aunque mi primo te finjas,
si don Hernando te paga
mentiras que me propones,
en balde intentas lograrlas,
cuando verdades desmienten      3305
avisos con que me abrasas.
Esa doña Petronila
agora de aquí se aparta,
de don Fernando quejosa,
burlador de su esperanza.      3310
¿Por qué olvidos que le culpan,
contra don Gómez achacas,
si ella misma se hace lenguas,
pregonera en su alabanza?
¿Qué estudiantes? ¿Qué Alcalá?      3315
¿Qué lisonjas? ¿Qué posadas?
¿Qué amor? ¿Qué escuelas son estas
que de jüicio te sacan?
Yo ya sé quién es don Gómez,
por más que me persüadas      3320
a lo contrario; ya sé
por la firma de tres cartas,
lo que don Fernando debe
a hermosuras sevillanas,
y a Ineses aborrecidas,      3325
en su busca cortesanas;

ya sé que el intruso conde
es su paje, y que se llama
Galeazo y es mi primo
el don Gómez que amenazas.                    3330
Vete y dile a quien te envía
cuán mal le salió la traza
con que pensó darme celos,
o haré, cuando no te vayas,
que tus traiciones castiguen.                 3335

Conde            ¿Qué es esto, cielos? Mi Laura
mira que tu primo soy.
Permite que satisfaga...

(Sale Tomasa de conde.)

Laura            ¡Oh, bárbaro! ¿Yo tu prima?
¡Criados, hola!

Tomasa                          ¿A quién llama,              3340
prima y señora, selencia?
¿Quién la ha dado enojos?

Laura                                      Basta;
arrimad, hermano, oficios
que impropiamente os entallan,
pues ya sabemos quién sois.                    3345

Tomasa           ¡Cómo! Pues ¿quién soy?

Laura                                      Vargas,
paje del conde.

Tomasa                        Selencia

miente como una borracha;
que yo don Galeazo soy,
y vine en una galeaza.                     3350

Conde          Vargas, dejemos las burlas;
               y pues fueron a mi instancia
               fingimientos sin provecho,
               a mi prima desengaña,
               que niega que soy el conde.       3355

Tomasa         Idos mucho en hora mala,
               que si dais en ser bufón,
               no está el tiempo para gracias.
               Conde he de ser, vive el cielo,
               desde Getafe hasta Francia,       3360
               y tan conde que el más conde
               con desmayos por mí vaya.

(Sale de hombre Doña Petronila.)

Doña Petronila     Prima, ¿qué alboroto es éste?

Laura          Don Gómez, nos enmarañan
               embelecos que no entiendo.        3365
               Este hombre que en vuestra casa
               tenéis, o el seso ha perdido,
               o pretende que yo salga
               del mío. Dice que es él
               mi primo que viene a España       3370
               a pretender ser mi esposo
               y que vos..., pero son tantas
               las quimeras que eslabona
               que unas a otras se embarazan.
               Pues ya salí con mi pleito,       3375

fingimientos se deshagan,
y renunciando el don Gómez,
sepan que os adora Laura
por Galeazo mi primo.

Conde        De mis sentidos me sacan.                3380
             ¡Cielos! ¿Duermo? Di, traidor,
             ¿no me has dicho que estudiabas
             en Alcalá, cuando viste
             a mi prima, y que una dama
             que aquí tienes, con un hijo,                3385
             es tu esposa, y que con Laura
             me habías de desposar?

Doña Petronila    ¡Jesús! ¡Las cosas que ensarta!
             No os espantéis, prima mía,
             que de una enfermedad larga               3390
             los lúcidos intervalos
             que habéis visto, le maltratan.

Conde        ¡Oh villano! ¡Vive el cielo...

(Sale un Alguacil.)

Alguacil     Que lleve preso me mandan
             a Galeazo Malatesta,                       3395
             que vino a Madrid de Italia.
             Vueselencia me perdone,
             que todo vendrá a ser nada,
             y por saber que es su primo,
             tendrá por cárcel su casa.                 3400

Laura        Pues al conde, ¿qué le imputan?

| Alguacil | Una muerte ocasionada |
| | por su padre allá en su tierra; |
| | mas todo en Madrid se acaba. |
| | Díganme ¿quién es el conde? | 3405 |
| (Al Conde.) | ¿Sois vos, señor? |

| Conde | Quien se alaba |
| | de serlo, y con tal blasón |
| | primo le intitula Laura, |
| | es el que tenéis presente. |

(A Doña Petronila.)

| Doña Petronila | ¿Yo conde? ¿Qué me faltaba? | 3410 |
| | Criado del conde, sí, |
| (A Tomasa.) | que es éste. |

| Tomasa | Si hay condes Vargas, |
| | Vargas conde soy desde hoy; |
| | mas si no, dejando chanzas, |
| | nací en Cabañas de Yepes, | 3415 |
| | y no nacen en cabañas, |
| | aunque hay tanto conde agora. |

| Alguacil | ¡Oh! Pues si negarlo tratan, |
| | vénganse todos tres presos. |

| Tomasa | Señores, que soy Tomasa, | 3420 |
| | mujer de Mansilla. |

| Laura | ¿Quién? |

| Conde | ¿Vos mujer? |

Tomasa                          No sino el alba.
Y el don Gómez, si le ojean
a los pies, manos y barbas,
¿quién piensan que es?: Petronila          3425

Laura          ¿Qué dices?

Tomasa                          La sevillana.

Laura          ¡Jesús! Don Gómez, ¿qué es esto?

Doña Petronila          Verdades que si adelgazan,
no quiebran.

Tomasa                          Embustes míos
los vuestros desenmarañan.                   3430
Don Fernando, salí acá...

(Sale Don Fernando.)

                          Y arrimad vos esa vara;
que yo os di la comisión,
y quiero residenciarla;
Fernando, esta es la sobrina                  3435
con cien mil pesos que en barras
tiene de dote, y cien mil
donaires para adorarla.
Acábense las quimeras.

Don Hernando          Desde que el sol de su cara          3440
miré, ganó su hermosura
desdenes que me asombraban.
Vuestro soy.

Doña Petronila                ¡Gracias al cielo!

Conde                      Ya estaréis segura, Laura,
de que soy el conde yo.                        3445

Laura                      No será deudor quien paga.
Con la mano desempeño
peregrinaciones y ansias
que habéis pasado por mí.

Conde                      Ya glorias podré llamarlas.       3450

(Sale Mansilla.)

Mansilla                No hay dar en todo hoy con ella.

Tomasa                ¡Mansilla!

Mansilla                    ¡Jesús! ¿Fantasmas,
ilusiones, qué es aquesto?
¿Quién hizo conde a Tomasa?

Tomasa                Amor y bellaquerías           3455
que en Madrid y en huertas pasan,
tan célebres como ésta.

Don Hernando       Alto, reparen desgracias
bodas y premios de amor,
mientras nuestra corte alaba         3460
La Huerta de Juan Fernández
y suple el senado faltas.

Fin

**Libros a la carta**

A la carta es un servicio especializado para

empresas,

librerías,

bibliotecas,

editoriales

y centros de enseñanza;

y permite confeccionar libros que, por su formato y concepción, sirven a los propósitos más específicos de estas instituciones.

Las empresas nos encargan ediciones personalizadas para marketing editorial o para regalos institucionales. Y los interesados solicitan, a título personal, ediciones antiguas, o no disponibles en el mercado; y las acompañan con notas y comentarios críticos.

Las ediciones tienen como apoyo un libro de estilo con todo tipo de referencias sobre los criterios de tratamiento tipográfico aplicados a nuestros libros que puede ser consultado en Linkgua-ediciones.com .

Linkgua edita por encargo diferentes versiones de una misma obra con distintos tratamientos ortotipográficos (actualizaciones de carácter divulgativo de un clásico, o versiones estrictamente fieles a la edición original de referencia).

Este servicio de ediciones a la carta le permitirá, si usted se dedica a la enseñanza, tener una forma de hacer pública su interpretación de un texto y, sobre una versión digitalizada «base», usted podrá introducir interpretaciones del texto fuente. Es un tópico que los profesores denuncien en clase los desmanes de una edición, o vayan comentando errores de interpretación de un texto y esta es una solución útil a esa necesidad del mundo académico.

Asimismo publicamos de manera sistemática, en un mismo catálogo, tesis doctorales y actas de congresos académicos, que son distribuidas a través de nuestra Web.

El servicio de «libros a la carta» funciona de dos formas.

1. Tenemos un fondo de libros digitalizados que usted puede personalizar en tiradas de al menos cinco ejemplares. Estas personalizaciones pueden ser de todo tipo: añadir notas de clase para uso de un grupo de estudiantes,

introducir logos corporativos para uso con fines de marketing empresarial, etc. etc.

2. Buscamos libros descatalogados de otras editoriales y los reeditamos en tiradas cortas a petición de un cliente.